品成

阅读经典 品味成长

我们

アドラーに学ぶ
よく生きるために
働くということ

必须
工作吗?

[日] 岸见一郎　著

宋刚　赵心语　译

人民邮电出版社

北京

图书在版编目（CIP）数据

我们必须工作吗？ / （日）岸见一郎著 ；宋刚，赵心语译. -- 北京 ：人民邮电出版社，2024. -- ISBN 978-7-115-64907-2

Ⅰ．B026

中国国家版本馆 CIP 数据核字第 202420DY80 号

版 权 声 明

- ◆ 著 ［日］岸见一郎
  译 宋 刚 赵心语
  责任编辑 马晓娜
  责任印制 陈 犇
- ◆ 人民邮电出版社出版发行 北京市丰台区成寿寺路 11 号
  邮编 100164 电子邮件 315@ptpress.com.cn
  网址 https://www.ptpress.com.cn
  文畅阁印刷有限公司印刷
- ◆ 开本：787×1092 1/32
  印张：8.5 2024 年 10 月第 1 版
  字数：84 千字 2024 年 11 月河北第 2 次印刷
  著作权合同登记号 图字：01-2024-1490 号

定价：45.00 元

读者服务热线：（010）81055671 印装质量热线：（010）81055316
反盗版热线：（010）81055315

广告经营许可证：京东市监广登字 20170147 号

岸见一郎传递的是真正的强者哲学，他写的内容，给了我很多价值千金的启发，接下来，我会长期推广他的作品。

——个人品牌顾问，《一年顶十年》作者

剽悍一只猫

我在书中的字里行间感受到一种"嘱托"，一种前辈的苦口婆心和谆谆教导。作者绝对不是用出书来体现存在感，而是在向读者传递一种很珍贵的、对读者的人生很重要的东西。这些东西来自先生对古希腊哲学的理解、对阿德勒心理学的学习，以及经年累月的助人工作和病前病后的生命体验。

——哲学博士，心理咨询师，督导师　张沛超

每个自觉成长的心灵都需要阿德勒。借助阿德勒哲学，我们能找到更为容易、更为有效的处理矛盾和走出生存困境的方式。

——全民幸福社创始人，阿德勒研究者，

幸福心理学开创者　李文超

《我们必须工作吗？》这本书深刻剖析了阿德勒的工作哲学，启示我们重新审视工作与生活的平衡。一个有意义的人生，离不开共同体感觉和他者贡献。实现这两点的直接方法就是找到当前工作的价值，在

贡献感中锚定自我。这是一次借工作来使自我觉醒的心灵之旅，推荐给陷在工作之苦中的你。

——关系心理学家，《恰如其分的孤独》作者

胡慎之

《我们必须工作吗？》以阿德勒心理学为基石，深刻探讨工作、个人价值与幸福生活的真谛，引领读者重新思考工作与自我的关系和平衡。

——张德芬空间 CEO，全国标准委心理咨询

服务分技术委员会委员　卢熠翎

大多数人对工作的理解是狭隘的，狭隘到让自己不自在、不自由，甚至变成了心理疾病的根源。《我们必须工作吗？》这本书能使人拓宽视野，让工作变成我们向世界表达自己、实现自身价值的最好方式。

——壹心理创始人，冥想星球 App 发起人　黄伟强

问问自己"我们是为工作而生，还是为生而工作"，这个问题的答案决定了是我们服务于工作，还是工作服务于我们，让我们拥有更好的生活，让生命更有意义。

之所以推荐这本书，首先是因为岸见一郎先生的这本书以工作这个人人熟悉却不见得好好思考过的主题为出发点，用质朴通俗的语言娓娓道来，讲述了阿德勒心理学视角下的人生观是如何在工作中体现的，深入浅出地引导我们认真思考自己的人生意义，活出生命的热情和勇气。其次，阿德勒心理学是我在心理学行业从业的初期所接触的，深深影响我的个人生活和从业经历。对我最大的影响就是我会变得更积极，会调整自己去关注资源，会更愿意热情地投入生活，我相信这也是大多数人所需要的状态。

工作以及工作的意义是由你来决定的，带着这份相信，在阅读这本书的过程中，去思考我们为什么要工作、如何工作、如何通过工作让自己获得幸福！

——全民幸福社创始人，幸福心理学专家　徐秋秋工作，是我们日常生活中不得不谈及的话题。弗洛伊德有个观点是，精神健康的人，总是努力地工作及爱人。如果是这样，找不到工作的意义是什么原因呢？岸见一郎在本书中关于工作的哲学思考能够激发人们对工作意义的思考和探寻。当我们不再把工作看成负担和累赘，工作便有了它真正的意义。

——心理学空间网创始人　陈明

在阿德勒思想的流动中，在岸见一郎细说真实的体验实践中，我看到自己一路走来的重重叠影。我全职工作快二十年了，当初刚入行时也承担烦琐的初访接待任务，也因此困惑不已。我被李孟潮的一句话点醒："好的初访就是干预，甚至可以在整个咨询中起到关键作用。"于是我开始钻研、真正投入，坚持了三四年，为后面十几年的职业生涯打下了坚实的基础。怎样在工作中寻找个人的意义？不要被奴役，不要失去生活，而要坚持创造个人的贡献感，再好的工作都比不上幸福的家庭，提倡分工合作对婚姻的重要性等。这些都是我们现代人关注的焦点，阿德勒也给予我们最务实、最清晰的回应。我年近半百才真切懂得，看似朴实的话多么贵重，一边读一边心中大叫："啊！对对对！就是这样的！"阿德勒仿佛对我，有一种超越时空的仁慈和肯定，他的思想如温润的连珠回流入心，启发我重塑不一样的共同体，鼎力谦逊、真诚地前行。

——尚想心理首席咨询师　顾怡

如果可以，请尽量快乐工作

　　我接到了为岸见一郎先生的三本书撰写序言的"工作"。三本书摆在眼前，按我先拣苦的吃、先挑难的做的人生信条，我打开了这本《我们必须工作吗？》。

　　接过外卖小哥送的早餐，我回到了书桌前。我们必须工作吗？呵呵，这还用说吗？你看那窗外的车水马龙，以及远处写字楼的格子间里的打工人们。我们必须工作，既然是必须，我们为什么不能以享受的态度对待这件事情呢？

就像此时的我，为一本书写序意味着必须通读这本书，这对于一个书虫而言谈不上是什么苦差。我一边吃外卖一边读着书，当我读到作者引用铃木大拙的一句话时，我放下了筷子。

"老师告诉我，本愿就是我们出生时伴随而来、推动我们成长的内在力量。当我们意识到它的存在时，就能真正感受到生命的喜悦。"

这句话完全击中了我。作为一名心理咨询师，我也会经常抱怨工作的辛苦，这是一种几乎没有下班也不会退休的工作——你会在梦中梦到你的来访者遇上了麻烦；如果你做得还不错的话，恐怕到八十岁你仍在咨询室的沙发上继续聆听与理解。虽然辛苦，可我仍会在休假的最后几天，想念我的咨询室。不是由于如果不迅速回到工作中就没有下一顿外卖，而是感觉在那里能体味生命的意义。

我为先生的那本《被讨厌的勇气》写序时，书中完全没有提到他曾经心肌梗死，然后死里逃生。但在

《我们必须工作吗？》这本书中，作者提到了十次左右，我能明显感觉到死亡的威胁对先生的影响。

既然如此，那何苦又要写书呢？写书、校书也是很繁重的工作啊！我一边心里这样想，一边继续读书，我在字里行间感受到一种"嘱托"，一种前辈的苦口婆心和谆谆教导。作者绝对不是用出书来体现存在感，而是在向读者传递一种很珍贵的、对读者的人生很重要的东西。这些东西来自先生对古希腊哲学的理解、对阿德勒心理学的学习，以及经年累月的助人工作和病前病后的生命体验。

如作者所言："经验是不断变化的，即使没有任何外界影响，经验本身也会持续演变。"生命是整体经验，工作和娱乐都是这整体中的一部分，所以作者的书不仅是对他人生经验的总结，同时也创造着新的经验，而我们可以通过阅读理解这样的经验。

在本书的第一部分，作者提出了一个基础问题：我们为什么要工作？对大多数人来说，工作意味着生存和获取收入，这种对工作的理解将工作看作人类生活的基本组成部分。没有工作，生存就会变得困难。然而，作者并不满足于这种狭义的理解。他进一步指出，工作不仅仅是谋生的手段，更是自我实现和获得社会认可的重要途径。我相信对所有东亚人而言，这个论点是无可辩驳的道理。

作者引用了阿德勒的观点："只有当我的行为可以为共同体带来利益时，我才能认识到自己的价值。"通过工作，我们不仅能为社会做出贡献，也能从中认识到自身的价值，这种贡献感是工作的真正核心。在作者看来，工作本质上是一种贡献行为。无论是体力劳动者还是脑力劳动者，工作的意义都在于通过劳动为他人提供价值，而这种为他人做贡献的过程，反过来也能让人们感受到自我价值的实现。如果一份工作无法让我们产生贡献感，那么它就失去了存在的意义。从这个角度而言，工作不仅仅是利他行为，也是利己行为。在工作中，服务别人和自我实现达到了统一，能够统一这两点的工作者是幸运的。

作者继而指出，许多人在工作中感到迷失，甚至对工作产生厌倦，往往是因为他们没有从工作中获得应有的贡献感。这一现象在现代职场中尤为常见，尤其是在高度竞争的环境下，人们往往更注重工作的产出和收益，而忽视了个人的内在价值和工作带来的社会贡献感。我们这个时代较少强调工作的内生意义，即便提及，也无非是一种鸡汤式的"催眠"。这种做法其实掩盖了工作的真正价值，让我们在吐槽或者"躺平"中不知不觉地错过了真正重要的东西。

在探讨工作的过程中，作者没有回避工作中常见的挑战与困难。许多人在职场中遇到的最大问题之一就是如何处理人际关系。书中第三章深入分析了职场中的人际关系问题，特别是上下级之间的沟通与互动。作者认为，职场中的人际关系处理得当与否，直接影响我们对工作的态度和感受。

同时，作者强调了工作的多元性，指出工作不仅仅为了完成任务，工作是与他人建立联系、增强社会互动的机会。通过工作，我们有机会与同事、客户以及其他利益相关者建立广泛的人际网络，这些关系不仅可以提升我们的职业成就感，还能为我们注入新的活力，带来满足感。尽管工作是我们生活中不可忽视的一部分，但作者一再强调，工作并不是生活的全部。书中探讨了如何在工作和生活之间找到平衡，指出如果过分依赖工作来定义自我价值，会使个人失去与生活的其他方面的联系。

在阿德勒的观点中，工作、交友和爱是人生的三大课题，任何一项课题被过度强调，都会导致人生失衡。书中提醒读者，过度沉迷于工作，忽视与亲朋好友的关系，最终可能会使我们失去人生的幸福感。

本书还特别讨论了"天职"的概念。作者指出，如果一份工作能让我们感到完全契合，觉得这就是我们"非做不可"的事情，那它就是我们的天职。然而，作者也提醒读者，现代社会对"人才"这一词语的滥用，使得许多人对自己的工作产生了错误的认知。真正的天职，应该是能让我们自我实现和感到满足的工作，而不是单纯为谋生或迎合社会标准而选择的职业。能够找到自己的"天职"可真是幸运啊！

我有幸先读了这本书，并认为分享这些先读之乐并非某种劳作，也希望各位都能从阅读中获得快乐。

张沛超

哲学博士，心理咨询师，督导师

甲辰初秋

致敬阿德勒:
从此刻开始幸福

    简单而幸福地活着，几乎是所有人类的深切愿望，但千百年来，却很少有人真正活出这样的一生。

    生活在世上的每个人，都渴望幸福，却并非人人获得了幸福。如果说物质上的成功就是幸福，那么最幸福的人就应该是各行各业的成功人士。可在多年的咨询和教学工作中，我发现个案中不乏事业很成功的人，他们或是企业主、高管，或是银行家、医生，拥有花不完的钱，却也有着解不开的心结、倾诉不完的烦恼。成功和幸福兼得的人显然是凤毛麟角。如果说勤奋的人才配拥有幸福，那认真生活的人们应早已与痛苦绝缘。但只要去问问夜间还在劳作的人们，就很容易得到这样的回答："我的生活谈什么幸福呢？不过是糊口罢了。"他们很勤奋，可幸福于他们，遥不可及。

现代人的生活相比以前，物质条件变得更优越，人们却普遍陷入无尽的焦虑与迷茫中。焦虑已经不只是一个人的主观体验，它仿佛成为时下人们的共同体验。生活不易，充满苦楚，成为很大一部分人的心态旋律。

因此，在这样的共同体心态下，我们有必要仔细阅读阿德勒的心理学思想，从这个拥抱大众的心理学说中探索幸福的真谛，学会在充满挑战与机遇的时代里，简单而幸福地活着。

阿德勒心理学，并不是一门仅仅属于专家的被研究学科，而是属于所有人的生命艺术。它立足人间生存困境，给出幸福之道，教会我们如何找到内心的富足与和谐。

阿德勒在他的著作中不止一次提到人类的生存困境：

很久以来，我一直以为，生活中的所有问题都能归为三类。一类是与社会生活有关的问题，一类是与工作有关的问题，一类是与爱有关的问题……这些问题总是横亘在我们面前，让我们身不由己，烦恼不已。

任何人，只要活着，就要直面这三大生存困境。

在我看来，阿德勒所说的幸福的真谛是此时此刻能够感受到幸福。幸福是一种安住于当下的生活状态，而不是一个长期奋斗的结果、苦尽甘来的果实。如果你把幸福作为目标去努力，就代表你还没有拥有它。是千辛万苦地追求幸福还是幸福地追求，只需要你做出一个决定。当然，这个过程中还需要内心的智慧。

人的心理能量是有限的，用在破坏性行为上的多，用于发现和创造的就少。我们用于和自身、他人争斗的每一点能量都会消耗我们用于发现和创造的能量。活在与自身或过去的战争中，会让我们被内耗纠缠，表现为揪着那些已经发生的故事和与之相关的人不放，为了获得别人的认可而疲惫不堪，因为别人的情绪而折磨自己。

当我们能够掌握更为有效、更为容易的方式处理曾经的矛盾时，我们会重新连接彼此，创造出前所未有的合作，而不是毁掉我们自身。

阿德勒深刻洞察人类社会中普遍存在的自我对话的争斗，并指出这种争斗不仅消耗了我们的能量，还阻碍了我们的成长与发展。我们应当将用于争斗的能量转向合作与创造，通过建立积极的人际关系，共同面对人类生存困境。所有的冲突，唯一的意义是给我们带来更深入或更宏大的整合。

人类具有创造性自我，只要认识到"要从行动中获益，而不是要毁掉自身"这点，我们就可以借助阿德勒心理学找到更为容易、更为有效的处理矛盾的方式。反之，战争不停、痛苦不止。

2022 年，世界人口已经超过 80 亿。2024 年 7 月 11 日联合国发布的报告显示，再过 60 年，世界人口可能会达到 103 亿的巅峰。因此从更宏观的生存困境来看，日益增长的人口与日渐匮乏的地球资源之间的矛盾，是人类共同体所面临的重要课题。

那么，积极且富有创造性地解决人类共同的生存困境的方式是什么？结合对于阿德勒思想的理解，我认为可以总结为：对光辉人性的投入与献身。成为自己生命的创作者，成为生命的艺术家。

物质上的成功无法满足一个人的精神需求，更无法满足我们的精神追求。因此，当下急迫的任务是我们要滋养已萌芽的理智与人性的花蕾。

阿德勒的智慧，能够帮助我们实现这一点——学会如何更好地与这个世界和平相处。

多年来，我已能清晰勾勒出人类人性化生活的图景。他们是这样一群人，能了解、珍视自己的身体，能强身健体，发现自己的美丽与价值；他们真诚、友善地对待自己和他人；他们有勇气冒险，喜欢创新，能展示自身能力，能在环境要求的情况下做出改变；他们有能力接纳新东西和不同的东西，保留有用的部分，丢弃没用的部分；他们能够脚踏实地、深深地去爱，公平、有效地竞争；他们既温柔又刚强，并十分了解二者并不矛盾。

当你拥有了上述所有的特点，你就会成为身体健康、内心敏锐，富有同情心、爱心，有趣、真诚、有创造力、能干、负责的人。

人类的演变正处在酝酿之中，所有致力于变得更完美的人，都将成为通往新时代的桥梁。我们正是转变中的人，向着更理性、更人性的方向积极地转变。

过去很多人苦苦追寻技术发展以及智力开发，而现在我们面临的课题是：发掘人类的价值——道德、伦理和人性的价值。这些价值可以有效地用于人性自身的发展。

当我们实现这一追求的时候，将能够真正欣赏这个最美好的星球，在这个星球之上享受美好人生。

阿德勒被誉为个体心理学之父，但我更认为他的思想是积极心理学的源头，乃至百年后的我在提出幸福心理学体系时，正是借力于阿德勒对人性的积极思考与洞察，方有勇气不断探索人类深邃的心灵。

人生是一场自我实现的旅程，我们每个人都是自己命运的主宰。在幸福心理学的指引下，我们学会了如何以更加开放和包容的心态去拥抱这个世界，如何在爱与被爱的过程中体验生命的温暖与美好。我们不再是孤独的旅者，而是彼此连接、共同前行的伙伴。

所谓高僧只说家常话，阿德勒的思想虽平实易读，却常读常新，每个自觉成长的心灵都需要阿德勒。

人的一生，重在选择，可以活成旅程，活成风景或者活成战斗，愿我们都能在阿德勒的智慧之光下，把有且仅有一次的人生活成独美的旅程，不仅为自己创造幸福，也为这个世界增添更多的温暖与光明。

在向着完满转变的征途上，我们有必要携阿德勒心理学前行。为了更好地传播阿德勒的智慧，我们也在全力筹备创建国内的阿德勒学会。阿德勒的思想不属于我们任何一个人，也不属于任何一个组织，它是全人类的共同精神财富。创建这样一个组织也旨在提供更多线上和线下的学习机会，让一群志同道合的人率先幸福起来，然后去唤醒更多人的心灵，让更多人因阿德勒心理学醒来。

回到此刻，我感觉非常幸福，因为我们即将再次与阿德勒重逢，通过本系列经典好书传播大师的智慧，用心理学服务更广阔的世界。

也邀请你从打开书的此刻，开始幸福。

李文超

全民幸福社创始人，阿德勒研究者，幸福心理学开创者

译者序

　　谈到工作，人们总会产生抵触的情绪。在互联网上搜索"工作"一词，看到的除去铺天盖地的招聘和求职广告，就是无数人在讲述自己对于工作的厌烦。"工作时如何'摸鱼'？""如何巧妙地平衡工作与生活？""工作带给了我什么？"等提问也在社交媒体上屡见不鲜。可是，似乎很少有人愿意分析工作的本质到底是什么，也很少有人可以讲清楚我们为什么一定要工作。着手翻译本书前，我也对这些问题的答案充满好奇。工作的必要性看起来如此浅显，俯拾可得，有什么论述的必要呢？直到译完本书，我才感觉自己触碰到了作者的真意。

本书给我们的启示在于，思考工作本身不如思考自己应该如何看待工作与人生的关系。生于今日，我们享受着高等生物拥有的特权——选择劳动的自由，而对于生活在人类文明之外的生物而言，草原上的生灵迁徙以求存续，空中的飞鸟振翅为捕猎而翱翔。满足生存的需求，是动物的本能，也是劳动的目的，既纯粹又直接。但人类似乎并非如此，我们会挑剔工作的薪资、内容、行业、前景……当工作出现瓶颈时，我们会踯躅不前，会自我怀疑，会反思工作究竟是为了什么。对此，作者给出了明确的答案——工作，是为了追求幸福的点滴。

幸福，如此笼统的概念。当这两个字与工作二字挂钩时，其含义往往被扭曲成一些具象的东西。比如，物质财富的累积，抑或权力的集中。不可否认，获得名与利的确是工作的意义之一。但除此之外，作者希望我们可以更在乎自己内心深处的感受。工作，一定要能实现自身的价值。为了力证这一点，作者举了很多例子，一个诗人的话令我记忆犹新。这位诗人在谈到创作时说："只有当你能够坚定地回答出'我必须写'时，再开始动笔。""我必须写"，并非因外力所逼，并非因无处觅食，而是内心的声音呼唤自己必须动笔，这是一种强大的自驱力。诗人的话语使我想到了奔流不息的江水。每逢雨季，江水有时会冲毁堤坝，一路奔流入海。创作者对待创作的态度，大概当如湍急的江水冲撞堤坝。如果我们在做某一份工作时，也能迸发出相似的激情，相信那便是我们找到了自己的天职。

寻找自己的天职，何其重要！我们需要找到一份能让自己从中获得归属感、成就感的工作。人们谈到天职时，往往会思考自己做这份工作可以使多少人受益。如此，便会陷入一种思维误区，仿佛只有出现具象的改变，才能确定这份工作是自己的天职。但工作过程中伴随的隐秘而抽象的内心感受，却被视作与工作无关的"副作用"，偶尔还会被曲解为伪善或自私。但是，事实并非如此，因为最重要的不是自己通过工作可以改变世界，而是通过工作，我们能够有所收获。听从自我内心的声音，去做能让自己成就感爆棚的工作，去追求属于自己的幸福，这才是一生中最重要的事情。

旅途总有尽头，人生也会迎来终点，脚下的道路并非坦途，但只要朝心之所向一路前行，想必远方定是名为幸福的港湾。

宋刚　赵心语

目录

第一章
我们为什么要工作

第三章

怎样改善职场中的人际关系

第四章

怎样工作，才能过上幸福生活

第一章

我们为什么要工作

本书的第一章将要探讨的内容是人为什么要工作。在日常生活中，我们一般不会特意去思考这个问题，毕竟工作与生活紧密相连。如果我们要特意去探究工作的意义，那么最好从源头开始进行分析。

工作是理所应当的吗

假如有这样一个世界：人们整日闲躺，无须付出任何劳动便能得到食物、衣物，乃至实现所有愿望。

在这样的情况下，会有人想要工作吗？恐怕不会。因为在这样的世界中，懒惰会受到赞扬，勤劳则会遭人摒弃。然而，这种不劳而获的生活只能停留在幻想的层面。在现实中，人们想要过上体面的生活，终究离不开工作的支撑。所以，勤劳才是美德，而懒惰是恶习。

没有工作，就没有收入，生存也会变得困难。从某种程度上讲，我们并没有选择是否工作的自由——只要我们活着，就必须工作。

因此，即使是那些因病或因意外受伤而不得不入院治疗的人，也都急切地希望自己能尽快康复，重返工作岗位。也有许多人未雨绸缪，甚至为了防范因疾病或意外导致的收入减少，提前给自己购买了相关保险。当然，这也是当下养老问题受到极大关注的原因之一。

可以说，"不劳动者不得食"是放之四海而皆准的普遍原则，工作已然成为人类生活的基本组成部分。而学习，从本质上讲，也是人们为了未来进入社会工作所做的准备。学校不会教授与工作完全无关的知识，学生也没有选择只学习而不工作的权利。事实上，无论学习的内容或方式如何，其最终目的都是更好地适应和胜任工作。

无法工作的人

那么，既然人们没有不工作的权利，那些因疾病或年老而失去劳动能力的人该如何生活呢？难道他们无法继续工作、没有收入，就意味着他们不该继续生存了吗？当然不是这样。

总有一些旁观者，他们站在一旁高谈阔论，轻描淡写地说："既然不能工作，那无法生存也是理所应当。"也有一些勇士大义凛然地宣称，即使走到了生命尽头，自己也绝不会成为社会的负担。可要是真到了年老体弱、无力工作的时候，哪里还能说出这样的话呢？

现在正在工作的年轻人，他们最初也只是依赖父母的婴儿。在那个时候，他们别说工作，就连生存都完全依赖于父母的照料。我们难道能说，因为婴儿无法工作，他们就不应该生存吗？这显然是不合逻辑的。

婴儿虽然暂时没有劳动能力，但有在未来创造价值的潜力。同样，一旦那些因病失去劳动能力的人康复，他们也能重新投入工作，为社会创造价值。所以无论是哪一种人，都有生存的权利。

还有一种特殊情况是，有的人不幸患上了难以被治愈的疾病，几乎无法康复，这些人难道就没有活下去的权利了吗？那显然也是不合情理的。

为工作而生，抑或为生而工作

如果生存完全依赖于工作，那么，勤劳无疑会被奉为圭臬。但这就引发了一个问题：那些明明已经满足了生存需求，却仍然孜孜不倦地工作的人，他们那种"工作狂"式的生活态度，是理应受到称赞的，又怎会受到批判呢？

当然，如果这种生活方式是出于个人的自由选择，那么外界确实无权干涉或评价。然而，如果这种拼命工作的状态是被残酷的工作环境、过度的压榨和剥削逼迫的，那情况就完全不同了。

这里提到的"工作狂"，特指那些完全基于个人意愿去选择这种极致工作方式的人。但必须指出的是，即使工作在人生中占据了举足轻重的地位，它也不应成为生活的全部。我真心希望这些"工作狂"能够意识到：**我们工作，是为了更好地生活，而不是让工作成为生活的全部。**

"工作是我生存的全部意义"——这样的话确实很动听。但如果为了工作而牺牲了人性，把人变成了冷冰冰的机器，那就真是本末倒置、荒谬至极了。

工作，是为了实现更美好的生活

当我们探讨"为工作而生，还是为生而工作"时，这里的"生"远不只是简单的生存。柏拉图的《克里同篇》记录了柏拉图与苏格拉底的对话，苏格拉底说："最关键的不在于是否活着，而在于如何活得更好。"

尽管该篇章中没有对"活得好"给出明确的界定，但它或许意味着有"正确""美好"等丰富的内涵。无论如何解读，苏格拉底的核心观点始终如一：**人们不应仅为生存而忙碌，更应追求自己的理想。**

因为无论生活多么艰难，我们始终都在追求幸福的道路上不断前行。

人类天生就向往美好，我们之所以废寝忘食、夜以继日地工作，绝不仅仅是为了生存，更多的是为了追寻那个理想中的美好生活，寻找那份幸福感。这才是"为生而工作"的真正内涵。

那么，如何才能真正获得美好的生活呢？更进一步说，我们能否从生命本身感受到那份纯粹的喜悦呢？工作与生命的喜悦之间，又存在怎样的微妙关系呢？这些问题的答案，需要我们一步一步去探索。

人生的三大课题

按照阿尔弗雷德·阿德勒的理论，人生始终围绕着"工作""交友""爱"三个核心课题展开。这三个课题相辅相成，紧密相连，所以无法单独进行探讨或解决。每当我们试图深入探究其中一个课题时，都会不可避免地触及其他两个课题。

我们所居住的地球，资源虽多，但并非无穷无尽。各地气候千变万化，地理环境也千差万别。为了实现繁衍生息，人类必须在这片土地上辛勤劳作，不断努力。阿德勒将此形容为"从地球手中夺取生活"。

众所周知，人类是社会性动物，无法离群索居。一个人若想在这个世界上立足，就必须与周围的人建立起紧密的联系，寻求他人的支持和帮助。阿德勒将这种与他人建立联系的过程称为"交友"的课题。

如何实现分工

解决"工作"这一课题的最佳途径，其实就蕴含在"交友"的课题之中。人类"从地球手中夺取生活"是无法通过单打独斗完成的，因此，"分工"就成了不可或缺的一环。要实现分工，我们首先需要学会协作，而协作的基石，恰恰是"交友"。

从狭义上来说，"分工"是通过构建灵活的组织结构，充分发挥每个成员的优势，以高效地完成特定工作。需要强调的是，"协作"语境下的"交友"，并非指日常生活中的朋友交往。它更强调的是一种能力，即面对不认识或不熟悉的团队成员时，也能与其有效地合作，共同完成任务，甚至在某些情况下，我们还需要与那些我们并不喜欢的人组成团队。分工合作的真谛在于，无论关系亲疏，我们都能与任何人携手工作。

你想与这个人共事吗

从日常的角度来看"交友"这个课题，我们会遇到一个关键问题：你是否愿意与这个人一起工作？

以我自己的经历为例。一方面，我的主业是写作，在这个过程中，与他人的协作不可或缺，与编辑的合作更是尤为重要。如果我不能接受他们的工作方式，或者没有与他们共事的愿望，那么即使写作对我再重要，我也难以从中获得工作的乐趣。在这种情况下，作家与编辑之间的关系就成为"交友"课题的一种体现。

另一方面，在我作为心理咨询师开展工作的过程中，"交友"的重要性更是被放大了。作为心理咨询师，当朋友遇到困难时，我会尽力帮助他们，解决他们面临的难题。

依赖他人劳动为生的人

前文中，我们已经讨论了因年龄或是身体状况无法工作的人，现在，让我们把目光投向没有这些问题，却依然不工作的人。阿德勒对此也有论述。

这类人通常不会为他人付出，而是纯粹依赖别人的劳动来维持生活。即使遇到难题，他们也只会期待别人来为他们解决问题，仿佛这是天经地义的事情。

这样的态度，往往源于他们的童年经历。这些人在幼年时期就习惯了接受他人的帮助，由于长期被溺爱，性格才变成了现在这样。大多数人都不愿与这样的人亲近。这样的人，在"爱"的课题中也难以与人建立起深厚的关系。

如何解决"爱"的课题

阿德勒将处理与异性的关系称为"爱"的课题。阿德勒认为，与异性的互动和性的作用，是延续人类种族的关键。然而，"爱"的课题并非孤立存在，它与其他生活领域紧密相连。

要解决好爱与婚姻的问题，我们首先需要处理的是"被社会接受的无害工作以及健康的人际关系。"

关于工作，我将在后文进行叙述，此处先按下不表。现在，我们重点关注"爱"的课题，是因为它与工作和人际关系有紧密的联系。

那么，为什么要先解决工作与人际关系的问题呢？原因很明了：如果相爱的两人既没有稳定的工作，也缺乏良好的人际关系，那么他们几乎等同于处在人类社会的边缘。

爱的本质是劳动

心理学家艾里希·弗洛姆认为："爱的本质，是为某物而'劳动'，是'促使其成长'。爱与努力是不可分的。"

试想，若有人声称热爱花朵，却常常忘记为它们浇水施肥，那么无论他如何标榜自己的爱，都难以令人信服。

"爱，是对所爱之物的生命与成长的深切关怀。缺乏这份关怀，爱便无从谈起。"

当我们为某物而付出努力时，我们的热爱便能得到证明；反过来讲，真正的热爱，同样会促使我们为其不断努力。

分工也是一种劳动

阿德勒曾举过一个做鞋子的例子，他指出，做鞋子这一行为、这一劳动，有着克服自卑情绪的作用。提及"自卑情绪"，或许会让读者感到意外，甚至不理解工作与自卑之间到底有怎样的联系。请各位读者不要着急，慢慢看下去。

阿德勒如此描述："当一个人投身于做鞋子的工作时，他能深切地感受到自己被他人需要。换言之，他意识到自己正在为社会创造价值，这种认知有助于他克服内心的自卑。"

并不是所有人都会制作鞋子，就算勉强学会做鞋子的方法，日常生活中总会有许多更紧要的事，谁都不会、也不能把时间单单花在做鞋子上。

所以，通常情况下人们都不会自己做鞋子，而是选择从专业的鞋匠那里购买。当然，鞋匠也会向专门的匠人购买自己无法制作的材料。

在这个过程中，鞋匠不仅为自己制作鞋子，更为广大需要鞋子的人们提供产品。通过这份劳动，鞋匠能够深切地感受到自己被顾客需要。他为社会创造了实实在在的价值，并从中获得了一种独特的满足感。

劳动的力量：克服自卑

阿德勒所讲的"鞋匠在做鞋子的时候，能感到自己被他人需要"实际上有着更深刻的内涵。

对于买鞋的人而言，鞋匠无疑不可或缺。因此"做鞋子＝被他人需要"这一等式自然而然地成立。

鞋匠通过做鞋子，为公众创造了价值，也体会到了独特的满足感。阿德勒认为，这份独特的感受可以称为"贡献感"。

阿德勒曾言："只有当我的行为可以为共同体带来利益时，我才能认识到自己的价值。"

这里我引用了"认识到价值"这一概念，与之前提到的"克服自卑情绪"相呼应。可以看出，后者是一种消极的表现。"认识到价值"的反义表现为感觉自己的行为毫无价值或价值极低。简言之，"认为自己的行为没有价值"就是自卑感的体现。

那么，有价值又意味着什么呢？阿德勒给出了这样的解答："只有当我认为我的行为具有价值时，我才能激发出内在的勇气。"

融入人际关系中的勇气

当我们认为自己有价值时，就会鼓起勇气。这里的"勇气"，特指融入人际关系的勇气。

那么，为什么融入人际关系需要勇气呢？因为在与人相处的过程中，摩擦和冲突是无法避免的。受伤、厌恶、背叛在人际关系中屡见不鲜。即便是无心的言行，也可能触及他人的痛处。考虑到这些复杂性和不确定性，我们便不难理解为什么"面对"

也需要勇气。阿德勒将其简述为："所有的烦恼，其根源都在于人际关系。"

然而，生活的喜悦与幸福同样源自人际关系，一个人独处时是无法真正体会到这些情感的。这并不是在批判独居生活，而是说，无论幸福还是喜悦，都是通过与他人的交往才能得到的感受。正如那些想要结婚的人，他们的渴望，正是来源于对两人幸福未来的期待。

有些人渴望幸福，却缺乏融入人际关系的勇气；还有些人对社交感到恐惧，想要逃避，正急需外界的支持和帮助。要帮助这些朋友走出困境，首先要做的是让他们感受到自己的工作和生活是有价值的。那么，具体该如何操作呢？

由分工导向幸福

"只有当我的行为可以为共同体带来利益时，我才能认识到自己的价值。"

"当一个人投身于做鞋子的工作时，他能深切地感受到自己被他人需要。换言之，他意识到自己正在为社会创造价值，这种认知有助于他克服内心的自卑。"

鞋匠通过手艺认识到自己为群体带来了益处，为公众提供了价值，自然而然会产生贡献感，克服自卑情绪，认为自己的行为是有价值的。

当一个人觉得自己的行为有价值时，他就会鼓起勇气去建立更广泛的人际关系。尽管人际关系中总会有摩擦，但也正是在这些关系中，我们才能体验到生活的喜悦与幸福。

阿德勒认为，劳动分工是"支撑人类幸福的基石"，而这一切的基础在于人类学会了如何协作。单看这一句，你恐怕会一头雾水，但只要结合阿德勒对分工的定义来理解，你便会理解个中含义。

正是社会分工让鞋匠这样的工作者感受到自己被社会需要，从而产生贡献感，坚信自己的行为具有价值。

鞋匠认为自己的工作具有价值，因此他会勇于建立更广泛的人际关系。在这些关系中，他可以体验到与人交往的喜悦和幸福。如前文所述，人是社会性动物，脱离社会的人难以找到真正的幸福。不只是鞋匠，这个道理同样适用于其他职业的人。

阿德勒指出，通过劳动的社会分工，人们能够为实现"共同的幸福"贡献自己的个人能力。此时的幸福已超越个人层面，成为全社会成员共同追求的理想，阿德勒称之为**"人类的幸福"**。

在工作中找寻自我价值

人类社会的分工，并不只是为了弥合个体能力的缺陷；朝九晚五的工作，也不只是为了生存。对于劳动，阿德勒有着更深层次的理解。

工作是为了什么呢？工作就意味着人们要为他人付出努力、为他人做贡献。有益群体大众的工作，就会使人产生贡献感，而贡献感会使人认可自己的价值。这样看来，工作，其实也是为了成就自己。

相反，如果一份工作完全无法使我们产生任何贡献感，甚至让我们觉得自己的工作毫无价值，那么这样的工作自然也就失去了意义。下面，我们来探讨其中原因。

从"工作"到"交友"与"爱"

如前文所述，当我们能从工作中体悟到个人的价值时，自然而然地就会鼓起勇气去融入更广泛的人际关系。然而，要真正解决"工作"这一生活课题，我们的视野便不能仅仅局限于工作本身。当然，也不能只盯着这一个课题。

因此，**工作并非生活的终极目标，恰恰相反，它更像是一种途径，一种让我们实现自我价值、积累信心与勇气，进而更好地融入人际关系的手段。**换句话说，工作是我们追求幸福生活的一条通道。

而谈及人际关系时，我们自然无法回避"交友"与"爱"这两大课题。而工作可以赋予我们勇气，引领我们深入探索人际关系。在这里，工作的意义已经超越了为谋生而劳作的狭义范畴，它更像是一把钥匙，为我们开启了一扇直面人生各种挑战的大门。

无法使人感受到自身价值的工作毫无意义

如上文所述，工作是为了令人们感受到自身价值，在此基础上，人们才能更好地融入人际关系。因此，如果一份工作无法给予人贡献感，那么它就失去了存在的意义。当然，并不是说贡献感是衡量工作的唯一标准。关于这一点我们稍后会详细探讨。

假如一个人隔三岔五就会被上司责骂，这种恶劣的氛围同样会让他丧失对自我价值的肯定，进而削弱他工作的积极性。

话虽如此，有时即便工作本身能够给人带来贡献感，也不保证不会遇到这样的上司。关于如何应对这种情况，我们将在本书的第三章中做详细阐述。

西方有这样一句话："人活着，不是单靠食物。"这句话并不是在批判工作，而是强调，**工作固然是为保证生存所必须使用的手段，但生存并不是工作的终**

极目的。所以，我们一定不能忘记工作的真正意义所在。

把握自己的人生方向

我认识一个年轻人，他毕业后加入了一家公司，但仅仅一个月后，他就递交了辞呈。他的辞职，有多重原因。首先，这个年轻人在成长过程中几乎没遇到过什么挫折，学业成绩一直名列前茅，可以说是天之骄子。我想，如果他能和普通人一样，经历过学习受挫或是成绩不理想之类的困境，那么就算依然迷茫不知去向，他也一定会更有力量，能够独立思考自己的未来，决定自己的人生。

当时，他被安排了上门推销的工作，工作业绩可以说是十分惨烈。事后他也感受到了上司的轻视与质疑，最终这个失败还是沉重地打击了他。人生中首个挫折，竟成了他的人生滑铁卢。

这次失败是他辞职的直接原因。但据他所说，选择辞职还有另一个重要的理由——在那家公司，无论上司还是员工，脸上都丝毫看不到幸福的影子。

从工作意义的角度来看，他的选择无疑是明智的。他当时所在的公司虽然声名显赫，是一家无可争议的一流企业，但工作强度极大，甚至有"30 岁买房，40 岁买坟"这样的说法。

离职后，他原本想回老家，过一段时间的平静生活。但不久后，他选择加入了朋友新创的团队，又回到了城市打拼。这次，他总算真正地把握了自己的人生方向。

没有"非你莫属的工作"

事实上，工作的具体内容并不重要，重要的是能否从中获得贡献感。只要工作能让我们感受到自己的价值，就说明这份工作与我们非常契合，而不应过分拘泥于特定的行业或领域。

遭遇失恋时，人们可能会陷入自我怀疑，认为自己不是对方的命中注定之人，不值得被爱，从而为此悲伤。但**在职场上，没有所谓的"命中注定"**。

通常情况下，即便是因失恋而心灰意冷的人，也可能很快重拾信心，重新投入爱情的怀抱。然而，在工作上，即使我们曾深爱这份工作，一旦遭受重大打击以至于无法继续，我们也能相对容易地放手。我们都知道，如果总是念念不忘过去的工作，就无法全心投入眼前的事务。

第一份全职工作

40 岁时，我进入了某家精神医院做心理咨询师。这是我人生中第一份全职工作，此前我一直是做兼职。当我第一次签下全职合同时，内心涌起了一种莫名的感慨："啊，我终于能独当一面了。"

虽然之前不是全职，但我一直在工作，况且全职的工作也不比兼职的工作高贵，这莫名涌现的想法现在想来其实非常荒谬。

　　此前，每年四月的时候我都会接到父亲的电话。老爷子总是关切地询问我是否已经找到了正式的工作。我的回答总是一成不变的"没有"，所以他的斥责也年年如期而至。此前每年都要与父亲起一番争执，但打从今年起，应当不会有这样的冲突了吧，我暗自思忖。

　　于是我欢欣雀跃地踏入了职场，不幸的是，问题也随之而来。我的职位明明是心理咨询师，可上午还要做接待的工作。倒不是说我有多讨厌做接待，可我实在不是做接待的那块料，为什么非要我来做呢？当时我便觉得，这个单位其实并不适合我。

　　然而，全职的工作毕竟稳定，我也不可能随随便便就辞职。先不说这样的行为是否会遭受非议，更重要的是，我无法接受自己的退缩。

说不出口的辞职

其实，外界的看法并没有那么重要。**如果确信自己不适合眼下的工作，简单的一句"不干了"就能摆脱困境。**虽说提离职和真的离职是两回事，但若是一直隐忍沉默，只会在困境中越陷越深，以至于无法自拔。然而，即便我完全明白这个道理，却怎么都无法宣之于口，以至于郁结于心，竟病倒了。明眼人都知道，辞不辞职完全是看个人的意愿。我甚至阴暗地想过，为什么不能拿生病做借口辞职呢？

当然，这样轻率的想法是后来才有的。刚开始发病的时候，不管怎么吃药都不见好，我当时觉得，这莫非是心病？不，也有可能是身体真的出了问题。几番纠结后，我采纳了上司的建议，去医院做了检查。

然而，医生也未能找出病因，只给出了"原因不明"的结论。听到这句话时，我虽感到一丝安慰，但随即又想到，原因不明就意味着无法治疗，心中又是一紧。当时，医生似乎想推荐我做心理咨询，为了保住我这心理咨询师最后的尊严，我只好匆匆逃离。

回到职场后，我向上司报告了诊断结果。听到"原因不明"四个字后，上司的态度发生了180°的变化，责怪我生病完全是因为不认真工作，乱接兼职，休息日里还给别人当翻译。

"那休息日打高尔夫就没问题了吗？"我忍不住问道。

可能认为高尔夫有助于振奋精神，他点了点头，说"当然没问题"。

可我并不认同，既然是休息日，那就应该随心所欲，做什么都是个人的自由。那一刻，我再次深刻认识到了，这个单位完全不适合我。

要有决断力

与过去不同，现在，辞职与跳槽并不罕见。无论是不适应工作环境，还是觉得无法发挥个人能力，人们随时都可以换一个环境，或是换一份工作，重新开始。

每每提到这些，老一辈的人常常会说是年轻人心浮气躁，耐不住性子。但这可不是没耐性，而是拥有决断力的表现。**意识到目前的工作不适合自己将来的发展，就立刻改变方向更换工作。**这可比明知不适合还忍气吞声、继续做违心的工作要厉害得多。

我曾在某个高中的护理科执教。那里主要招收中学毕业生，学生在完成高中阶段的学习后，就会开始接受专业的护士培训。

我的学生虽然在年龄上与普通大学一年级的学生相仿，但他们大多是在家长和老师的影响下选择这个专业的。因此，不少学生会对自己是否适合从事护理工作产生疑虑。

实际上，真正因为热爱护理工作而选择这个专业的学生并不多见。很多学生只是听说只要进入这所学校，将来就能轻松获得护士执照才选择它的。但护士的课程可不简单，自然会有学生跟不上教学进度。

当然，每个人的学习能力可能存在差异，但努力是可以选择的。最终能否学好，关键还是在于是否有足够的学习动力。每当有学生向我寻求建议时，我总会询问他们是否真的热爱护理工作。如果答案是肯定的，我会鼓励他们继续努力，相信他们即使面临挫折也能最终克服困难；如果答案是否定的，我会建议他们尽早考虑其他的发展方向。

跳槽——释放自己的潜能

让我们回归上文。如前所述，我并不是一个果断的人。即便工作让我感到身心俱疲，我也难以提出辞职。某日，在从医院回家的路上，我没注意前方，一脚踏空，不幸扭伤了脚。第二天，我只能拄拐上班。由于实在无法正常工作，我的上司很爽快地批了我三周的病假。

实际上，在此次病假前，我一直以为自己对于单位而言不可或缺，我的缺席会给医院带来极大的混乱。然而事实并非如此，我不在的日子里，医院的运行一切平稳，毫无波澜。这个发现，就是促使我离职的真正原因。

我辞职的理由并非仅仅因为对工作失去了兴趣或热情。虽然肯定也有人会因为失去兴趣而更换工作，但我总觉得，辞职或跳槽的原因还是积极一些比较好。

一份工作，只有能够让我们发挥自身的优势，并让我们有贡献感时，我们才能认识到自己的价值。因此，如果一份工作无法让我们展现自己的长处，那么这份工作对我们来说就失去了意义。

初入职场，如何找到方向

那些即将步入职场的新人，心中难免会有这样的困惑：工作，究竟意味着什么？这个问题的答案，恰恰也只能在工作中找到。

我曾听我的朋友讲过这样一件事，在她考入师范大学后，她的母亲长舒了一口气，说："这下我女儿的前途就有保障了。"

对于这位母亲的想法，我们不难理解：孩子考入师范大学，考取教师资格证，毕业后就可以进入小学或是中学工作。这样的人生之路看上去是一片坦途。然而世事无常，能过上理想生活的人终究是少数。

哪怕不说人生，单说工作。有多少人真的了解自己的工作、了解自己的工作环境呢？那些自诩熟知工作的人，即便已经拿到好几个公司的入职邀请，可能也会为了追求更好的工作而继续不断求索。

大学期间，我考取了初中和高中的教师资格证。

当时，我参与过教学实习，也在补习班教过书。可以说，我对初高中的课堂并不陌生，但就算如此，最终我也没有成为中学老师。

我没有当老师的理由之一是，我当时以为，做老师的人，都得和学生大声吼叫。

现在想来，其实我从小到大遇到的所有老师，都不是那种要通过吼叫树立权威的人。特别是我高中时遇到的一位老师，不但言行举止温和有礼，还乐于与学生平等交流。我有时会想，如果当初以他为榜样，我的人生或许会是另一番景象。

适合还是不适合

高中毕业后的一天，我在街头闲逛时巧遇了中学时的校长。在闲谈中，他热情地邀请我到他家中做客。尽管现在想来那可能只是客套之辞，但当时的我却感到十分欣喜，不久后便登门拜访。

这次拜访究竟是好是坏呢？虽然那天的谈话内容我已大多忘却，但校长的一番话却让我铭记至今。他注视着我相对矮小的身材，语重心长地说："你不适合做买卖。想做买卖，得有高大、健硕的身体。况且，你的性格也不够强硬。这样是做不了买卖的。"

就算已经想不起来是怎么聊到这个话题的，但他那充满自信的点评却深深印在了我的脑海中。他的话像一根刺扎进了我的心，我甚至没有勇气去问他"做买卖"到底是什么意思。

其实，我很早以前就隐约意识到，我可能无法像父亲那样在企业中工作。校长的话戳穿了我的粉饰太平，揭掉了我的伪装，令我无处遁形。一时间，焦虑与恐惧袭上我的心头。我当时以为，我无法像正常人一样工作，就等于是被盖上失败者的印章。

不过，现在再仔细想想，这种想法其实十分荒谬。我根本就不知道校长所说的"做买卖"是指什么，又为何要为此感到灰心呢？而且，我的父亲就是一名销售员，他也没有高大的身材或是强硬的性格。况且，性格强硬也不该是销售员的特征，相反，我认为只有性格圆融的人才能成为优秀的销售员。当时的我，却只是沉浸在对自身身材与性格的自卑中，没有对这些观点产生丝毫怀疑。

你可以改变工作的内容，也可以改变工作的环境

我们在工作后，有时会发现事实和理想相差甚远，但请不要为此感到气馁。怀抱教书育人的理想进入校园的老师们，发现理想与现实截然不同时，自然会无可避免地感到失落，但也不要因此就否认自己的能力。如果你坚信自己对如何实现理想的思考是正确的，那就努力去改变现实。重要的是，我们不应该为了所谓的现实而放弃自己的理想，而应该思考如何将理想变为现实。当然，有人可能会说现实是坚不可摧

的，但这只不过是那些缺乏勇气的人找的借口而已。

实际上，面对工作与职场时，我们并非完全处于下风。因为我们不仅有能力，而且有责任去改进我们的工作方式，并改善我们的工作环境。公司是一个组织，它应该适应其成员，而不是让成员去适应它。

上面所提到的，实际上是指职场的人际关系的问题，这一部分将在本书第三章着重阐述。在公司里，我们有时会遇到霸道无理的上司或愚蠢的下属。这时候可不能忍气吞声，一定要指出对方的问题。就算对方可能不会改正，但该有的态度一定要有。

当然，有时候就算心怀不满，我们也不得不保持沉默，关于这一问题，我们将在第二章进行更深入的讨论。

唯有你才能完成的工作

前文中，我曾说没有"非你莫属的工作"，这其实并不准确。更确切地说，任何工作，你都可以用自己独一无二的方式来完成。

多年前，为了照顾刚出生的儿子，我的妻子开始休育儿假。当时我还在几家大学做兼职老师，为了尽可能增加家庭收入，我开始频频翻阅招聘广告。

有一天，我看到有一家本地的企业正在招募负责收发海外传真的员工，于是立刻跑去面试。负责人看了我的简历后说："有研究生的学历啊，如果你是个女性就更好了。"

虽然当时我没有被录取，但就算录取了我，恐怕我也不会去。

前面也讲过，我以心理咨询师的身份进入医院，却几乎每天都只是在做前台接待。

无论是接听电话还是记录预约，接待工作与我并不契合。医院为什么不招聘真正适合这一岗位的人才呢？如果医院能请到更合适的人来做这项工作，那把我安排在前台不是浪费了吗？说实话，如果可以的话，我真的不想做接待工作。

一般来说，遇到这种情况时，最好是直接找上司反映。可当时的我并没有反抗现实的勇气，只想着既来之则安之，尽力做好手头的工作。我想，**如果没有全心全意地尝试过，又怎么能断定自己不适合呢？**

领悟工作的意义

某一天，我听闻接待工作并非轻而易举，至少要有护士长级别的水准才能胜任。这句话极大地改变了我对接待工作的看法。

我们去医院看病的时候，或许会感到迷茫，不知道该前往哪个科室。负责接待的人，必须要根据患者的描述，引导他们去正确的科室。这可不是件轻松的事情，每一个快速而准确的回答，都要依赖大量的医学知识，并且要对医院的组织架构了然于心。

了解到这一点后，我不由得为我此前对这项工作的轻视感到羞愧，并决定此后要更加认真地面对工作。起初，由于不够熟练，我的工作进展得并不顺利。但随着时间的推移，我逐渐得心应手，甚至开始享受这份工作所带来的成就感。

那时，我接电话的时候，甚至可以不问名字只听声音就能分辨出这位患者姓甚名谁。不仅如此，向医生介绍患者的时候，我无须查看病历就能准确说出他们的病情和症状。

然而，随着患者数量的增多和接待同事的加入，我不再负责接听所有电话，也无法仅凭声音来识别每一位患者。但假如我一直心怀不满，我可能永远都无法体会到接待工作的真正乐趣。

虽然最开始，我不认为自己是做接待的那块料，但我也没有因此自暴自弃，而是努力做好了自己能做的一切，从而收获了自信。每当看到患者的微笑或得到医生的认可时，贡献感都会油然而生。

我在护理科授课的时候，也常嘱咐学生：在护士的职业生涯中，会遇到无数的患者；但对患者而言，一生中可能只会遇到几位护士。每位护士的言行，都有可能左右患者的人生。如果能深刻理解这一点，并满怀自信地投入工作，工作的感受便不会只是枯燥与乏味。

工作并非人生的全部

50 岁刚出头的时候，我因为心肌梗死，入院治疗了一个月。其间，我联系了当时执教的几所大学，却未料到其中一所大学很快就发邮件解雇了我。我迅速回复，解释我的病情并不严重，预计一个月左右即可出院，并能很快投入工作，但之后再也没有收到他们的回信。我当时不太了解校方的情况，兴许他们真的十万火急，一刻都等不了吧。

很幸运的是，并非所有大学都如此冷漠。当我能够下床走动时，接到了另一所大学的电话，对方非常期待我的回归，哪怕要等半年或者缩短授课时间，也依然希望我能回去教书。这对当时的我来说，无疑是极大的鼓舞。出院后，我毫不犹豫地回到了课堂。

我时常听说，有些人担忧自己退休后公司会出现大问题，于是在退休后的第一天就匆匆赶回公司帮忙。然而根据我当年的经历来看，这种担忧实在是多余的。退休就意味着失去价值，就算你特意回公司照看，也未必能得到预想中的关注。虽然我深信自己的教学水平不差，但我也明白，自己并非不可替代，总有人能教得更好。

工作无疑占据了人生中极其重要的一部分，因此我们会投入大量时间和精力，自然很容易将其视为重中之重。**我们只是芸芸众生中的一员，承认自己普通，并没有什么独特价值，必然会是一件痛苦的事。**

然而，一旦接受了这个事实，你就会感到前所未有的释然——你无须为了工作而牺牲整个人生。

工作不是人生的全部。**我们绝不应为了工作而轻易牺牲自己的生活**。毕竟，一份再好的工作，也比不上拥有一个和睦幸福的家庭。

天职

如果你深感自己非常适合做一项工作，仿佛这个岗位就是为你量身打造的，那么，这对你来说，便是你的"天职"。

"天职"这个词语，听起来或许有些庄重，人们通常不会将其与日常的工作联系起来。然而，如果真的有一项工作，能让你觉得"非我不可、舍我其谁"的时候，那除了"天职"，它还能是什么呢？

我时常感到困惑，为何现今社会，"人才"这个词被如此轻率地使用？"人才"，原本应指那些才华横溢的个体。但在我听来，它更像是一种可以随时替换的"材料"。活生生的人，怎能就这样被物化了呢？如果企业仅仅将员工视为一种材料，那么当员工无法继续工作时，自然会被毫不留情地替换掉。毕竟，"材料"随处可见。

求职心切的年轻人为了提高自己的竞争力，常常会宣称自己可以胜任多种工作。但正如内田树所言："对劳动者而言，'别人能做的我也能做'就意味着'随时可以被替代'。"所以，**我们实在没必要真把自己当成"材料"**。

看看招聘会上学生们那清一色的黑西装，大概也能想象到学生为了把自己打扮成"人才"、装扮成"商品"付出了多大的努力。我曾受邀到一家企业进行演讲，恰逢他们进行招聘考试，因此有幸旁观了一场面试。

可能是为了彰显个性吧，那天有位学生直接穿了一身民族服饰。那家公司的主营业务是旅游业，虽然那位学生不是着正装，但打扮也不算特别花哨。可面试官只是匆匆一瞥，便下了不合格的判决。只是因为展现了个性，那位学生就被拒之门外。

学生们热衷于将自己打造成"商品"，这在一定程度上也是企业的需求所致。有些企业甚至会要求学生"忘记在大学里学到的知识"，转而向他们灌输只对公司有利的信息。

近年来，这种磨灭学生个性、将活生生的人变成"材料"的行为并不罕见。但是，"从来如此，便对么"？

人生抉择

在芹泽光治良的小说《人间的命运》中，有这样一个情节。主人公森次郎生活困顿、饱受贫困之苦。当他决心投海自尽时，一股强大的力量突然阻止了他，使他放弃了轻生的念头。这里说的力量，就是富士山。

回想起那异国的岁月／那与死搏斗的朝夕／那燃烧的青春／我又怎能不被鼓舞／高山啊／大海啊／故乡啊／我该怎样感谢你

这是芹泽先生 84 岁时朗诵的诗歌。其中"那异国的岁月／那与死搏斗的朝夕／那燃烧的青春"都是指他在法国留学期间身患肺结核的经历。

在那段痛苦的时光中，他萌发了成为作家的梦想。回国后，由于过去就职的农商务省回绝了他的复职申请，他便进入中央大学工作。在那里，他依然怀揣成为作家的梦想。执教期间，他参加了《改造》杂志的征文活动，发表处女作《资产者》并顺利获奖。

然而，在昭和初期，小说家这个职业并不被社会看重。他的岳父甚至嘱咐他："忘了在法国的那些日子吧，就当是做了一场大梦。"

不久后，他的小说开始在朝日新闻上连载，中央大学的校长找上了门。当时的芹泽本有望晋升为教授，但校长并不认可他的文学创作。

"你难道不知道，小说、文学这些东西是日本社会的毒瘤吗？这可是常识。我不管你是不是用笔名，我的大学里不能有做这种事的教授。你要么继续留下来当教授，要么就选择那些上不了台面的东西，你得做个决定。"

听了校长的这番话后，芹泽毫不犹豫地选择了文学。

"那就没办法了，我选择文学。但我会尽好对学生的责任，目前我教授的货币论还有两三节课，等考完试、公布成绩后我就离开。"

我相信，绝大多数人都曾面临这样的抉择。这样的选择可能并不明智、并不合理，甚至可以说得上是鲁莽。但人这一生，不应当是为了别人而活。**无论外界如何评价，我们都应该遵循自己的内心，选择自己的人生。**

"神的呼唤"

阿尔贝特·施韦泽曾是欧洲著名的神学家、哲学家和管风琴家，然而有一天，他突然决定要前往非洲。当时他正处于而立之年，学者和艺术家的身份注定了他十分繁忙。即便如此，为了更好地帮助非洲民众，哪怕工作无比繁忙，他依然尽量挤出时间开始学习医学。他之所以选择进入医学领域，完全是出于人道主义。

在施韦泽还是神学生的时候，在某一次返乡的途中，他下定了决心："我将全心投入学术与艺术，直到30岁。之后，我要尽我所能去帮助他人。"

施韦泽不仅在神学与哲学方面有着深厚的造诣，26岁时就获得了神学博士学位，并成了大学讲师；他还作为管风琴家解读巴赫，作为哲学家探究康德。无论在哪个领域，他都展现出非凡的才华。但当他得知非洲赤道地区人民的困境后，他毅然放弃了这些荣誉和成就，为了救助他人，在 30 岁时开始学习医学。不久后，在兰巴雷内的河流与丛林间，他建起了施韦泽医院，开始了他的救助活动。

曾有人抱怨施韦泽的管风琴老师夏尔 – 马里·维多尔没有阻止施韦泽的行动，维多尔是这样解释的："他说这是'神的呼唤'。既然是'神的呼唤'，我又怎能阻止呢？"

施韦泽将他这种"被神呼唤"的"工作"称为"calling"，中文译作"天职"。如果我们能将自己的工作视为天职，那么工作就不再是一种负担。

我第一次听说施韦泽的事迹时还非常年轻。当时，我得知他在 30 岁时还能做出这样的决定，深感敬佩。令我意想不到的是，我身边也有这样一位朋友，和施韦泽当年一样，在 30 多岁时放弃了原有的工作，开始学习医学。

这位朋友的经历与施韦泽颇为相似，都是在繁忙的工作之余坚持学习。如果没有坚定的救死扶伤的信念，他们断然无法承受走这条路所要付出的艰辛。

之后，那位朋友成功考入了医学部，我甚至看到了有关他的新闻报道。令我感到惭愧的是，我几乎将这位朋友忘得一干二净。直到十几年后，我与他在我工作的医院偶遇。当然，他想必也会对曾经攻读哲学，如今在精神科医院工作的我，感到惊讶吧。

天职与野心

法国哲学家让·吉东曾提出，我们必须清晰地辨识天职与野心的区别。他对此给出了明确的界定："野心是不安，而天职是期待。野心让人心生恐惧，天职却令人喜悦。野心是百般算计后结出的苦果，成功只是其中相对不那么差的一颗。天职却如同水到渠成，自然而然便荣耀加身。"

那些有幸找到了天职的人，他们虽然同样是做出了选择，但做选择时，他们不会感到恐惧，心中只有深深的期待。他们也不会担心如果做了错误的选择会导致严重的后果，甚至这些问题压根不会出现在他们的脑海中。

鹤见俊辅在他的书中这样写道："每一个重大的决定，其背后都必然有深刻的动因，而不仅仅是简单的理性选择。"之所以"不是简单的理性选择"，是因为有时重大的决断本身就不合常理，而我们这些情感丰富的生物，也并非总能保持理智的判断。

无论是施韦泽选择学医，还是芹泽光治良放弃公务员与教授的工作、毅然投身文学，从旁人的角度来看，这些选择都有些欠考虑，甚至可以说得上是鲁莽。可这二人的决断，无疑都是来自其内心愿望的强烈驱动。

在我决定攻读哲学的时候，父亲表示了强烈的不满，他嘱咐母亲无论如何都要打消我的这个念头。但母亲不以为然，她对父亲说："那孩子一定不会做傻事的，我们在旁边守候就好。"虽然此后，我不止一次地辜负母亲的期望，做了不少傻事。但我想，母亲当年之所以那么说，可能是因为她明白，对于我内心深处的决定，无论外界如何反对，我都是不会轻易动摇的。

野心：一种特殊的虚荣

关于"野心"，阿德勒有这样的理解："野心，有时候也不只是代表虚荣与自大，它也可以是一个美妙的词语。"

吉东为"野心"一词赋予了否定的含义，而阿德勒则认为，除非是为了公共利益，否则野心也只不过是一种对虚荣的掩饰。

以施韦泽为例，他选择成为医生，并非出于想获得个人的荣耀或成就，而是真心希望为非洲的群众提供帮助。

"野心"一词确实包含了勇于挑战新事物的意味，

但也可能暗指那些眼高手低、不切实际的空想。在田边圣子的小说《华裳虽褪》中，一位想要上大学的女性被亲戚指责爱慕虚荣，她反驳道："这不是虚荣心，而是上进心。"尽管有些人上大学的动机确实出于虚荣心，但也有人是真心希望能够借此提升自己。

那些为了满足虚荣心才上大学的人，有可能会因为辛苦而停下求知的脚步。但是，人们其实不只是在为自己而学习。

阿德勒承认，每个人或多或少都有一些虚荣心。但他也明确指出："虚荣心无法指引我们走向正确的道路，也无法赋予我们创造伟业的力量。"

伟业，只能在社会兴趣中铸就。"社会兴趣"一词是阿德勒心理学的核心概念，从其英译"social interest"中可以看出，它强调的是"对他人的关心"。同时，从阿德勒的观点来看，只有那些有益于我们所生活的共同体（阿德勒所定义的共同体范围广泛，甚至可以涵盖整个宇宙）的理想，才能真正激发出善行，才能真正成就伟业。**所有的辉煌成就，如果仅仅是为了个人的荣誉，而不能推动人类的进步，那就便失去了其真正的价值。**

不只是天才，我们在日常生活中也不能只顾自己，无论做什么事情，都必须考虑共同体的利益，抱有对他人的关心。当我们所属的共同体为了自身利益而损害更大共同体的利益时，我们绝不能坐视不理。而那些自私自利、只知明哲保身的人，即使外表光鲜亮丽，其本质也只不过是社会的蠹虫而已。

内驱力

奥地利诗人里尔克在面对年轻诗人弗朗茨·卡普斯的来信和诗稿时，他在回信中表示，希望卡普斯不要再谋求他人的评价。他在回信中写道："请在深夜最寂静的时刻问问自己——我必须写吗？你要在内心挖掘一个深刻的答复。"

作为新晋诗人，卡普斯自然会担忧自己的诗作是否足够出色，会不自觉地与他人比较，甚至害怕被编辑退稿。然而，里尔克建议他抛开这些杂乱的思绪。

里尔克建议："只有当你能够坚定地回答出'我必须写'时，再开始动笔。"

"我必须写吗？"原文为"Ich muß schreiben"，若将"muß"（英文译为"must"）理解为"义务"，则变为"不得不写"，这就曲解了里尔克的本意。里尔克强调的是"我必须写"的内在驱动力，而非外界强加的压力。他认为，当你能说出"我必须写"时，你便能"根据这个需求去构建你的生活"。

在信中，里尔克也提及了天职的话题。

"走向你的内心，探索你生活发源的深处，在它的发源处你将会得到问题的答案，是不是'必须'的创造。它怎么说，你怎么接受，不必加以说明。如果它呼唤你要成为一个艺术家，那你就接受这个命运。"

里尔克选择的"呼唤"一词，实际和前文的"神的呼唤"是同一种表达。"天职"一词的原文"Beruf"本就是表达"呼唤",所以,"呼唤你要成为一个艺术家",就等于"艺术家是你的天职"。

哲学家中岛义道也曾引用过里尔克的回信。中岛说他当年写小说的时候,"每晚都欢欣雀跃"地坐在桌前写作,就是因为里尔克的这段文字极大地鼓舞了他。然而,同样也是里尔克的文字让他最终放弃了小说创作。

"我真的必须要写么?如果我不得不停下笔,我会因此而死么?"

中岛说:"经过认真的思考,我发现即使停止写作,我也不会痛苦到难以存活。于是,我选择了放弃。"

为博得心爱之人的欢心

尽管里尔克曾如此告诫年轻人,但他自己的经历却与此大相径庭。里尔克曾爱慕德国作家露·安德

烈亚斯 - 莎乐美女士。有一种有趣的说法：只要与莎乐美相爱，在她的启发下，无论谁都可以在九个月内写就一本名著。尼采和里尔克，这两位曾与她有过交往的才子，便是此说法的有力证明。正是在她的启发下，这两位才子文思泉涌，佳作连连。

为了向莎乐美表达爱意，同时展示自己学习的成果，里尔克与她约定，将他在意大利旅居期间的所见所感记录下来，以日记的形式赠送给她。这部日记，就是后来广为人知的《佛罗伦萨日记》。

哲学家森有正着手翻译了这部书籍，他指出："工作只是展示给心爱之人的，用以取悦她的事物而已。除此之外对工作的任何解释都是谎言。"

任何工作都需要投入时间与精力，在这个过程中难免会遇到困难和痛苦。然而，因爱而生的喜悦却能抚平这些伤痛。里尔克正是受到了莎乐美的启发，开始了创作之路。

可此时就会产生一个新的问题，那就是如果工作无法取悦心爱的人，又该如何呢？

此处我们继续引用森先生的观点："中世纪的人们为了体现对神的信仰，不惜花费一生的光阴，创作了无数经典宏伟的艺术作品。"

从这句话来看，工作的目的并不仅仅是取悦恋人。

即便一个人是虔诚的信徒，如果他在创作时还惦记着作品的价值，那么无论他的作品如何出色，他的工作都不再是纯粹地为了取悦神明。

如果人们会因为自己的工作无法取悦他人就放弃工作的话，毫无疑问会出大问题。在任何工作中，"取悦他人"都只是结果之一。如果一开始就抱着取悦他人的目的去工作，就很容易本末倒置，从而最终失去工作的动力。

里尔克曾多次自问："我能停止写作吗？"这表明他写作源于内心的驱动，而不仅仅是为了取悦莎乐美。

面对真心喜爱的人，人们可能会以对方的快乐为快乐，竭尽所能地讨对方的欢心。如果一切顺利，从对方的喜悦中确实可以感受到一种贡献的满足感。但如果我们只是一味地要求对方感激和认可自己的行为，那么这种取悦就是本末倒置，会变质为压迫。

为取悦心爱的人奔走忙碌确实无可厚非。只是要注意，**你为对方做事可不等于为对方做贡献。**一定要注意对方是否真的喜欢且愿意接纳自己的贡献。"这是为你做的"之类的话语更是禁忌，如果这样说只会适得其反。

精神科医生神谷美惠子女士曾言："对于为爱而生的人来说，无论能否得到对方的感激，只要他们能感受到自己被对方需要，就能深刻地体会到生命的价值。"

如果做什么事都是为了得到对方的感谢，那便不能被称为"爱"，而只是一种对认同的渴求。实际上，得不到感谢的情况并不罕见。如果我们能不计名利，仅从帮助、取悦他人的行为本身获得贡献感，认识到"生命的价值"，那么是否得到感谢就不再是我们关注的重点。

带给他人快乐

阿德勒曾进行过一项特别的研究。他建议抑郁症患者们思考，怎样能使他人感到快乐。然而，患者们的回答一致得出奇，他们认为这是一件非常困难的事情。

"我自己都找不到快乐，又怎么可能让他人快乐呢？"

这种回答本质上是对治疗的潜意识抵触，也可以视为一种心理上的抗药性。阿德勒对此有深入的研究，这里不再赘述。现在，我们重点探讨为什么阿德勒会给抑郁症患者提出这样的建议。

患者们面对"如何让他人感到快乐"这个问题

时，几乎都表示束手无策。阿德勒认为，这其实是患者们内心的抵触情绪在起作用。他们更倾向于思考如何让人不快，而不是如何带给他人快乐。

关于为什么要提出这样一个建议，阿德勒是这样解释的："人们常常会问，'为什么我要让别人感到快乐，明明也没人让我感到快乐啊'。我所有的努力都是为了增强患者们的共同体意识。我认为，精神疾病大多源于缺乏合作。我希望患者们能明白，只要能敞开心扉，和同伴们建立平等的合作关系，无论什么病症都可以很快痊愈。"

在治疗精神疾病时，与其关注具体症状，不如深入分析患者的生活方式，并进行适当的调整。患者们大多会拒绝医生的建议，抗议为什么明明没人让自己感到快乐，可自己还要去取悦别人。

但事实上，"没人让我快乐"并不是重点。关键在于，我们要通过自己的努力去带给他人快乐。一旦成功做到这一点，我们就会认识到自己的价值和作用。

如前所述，**认识到自己的作用和价值，从而产生贡献感，这是激发勇气的关键**。简言之，这就是获得融入人际关系的勇气。

所以，阿德勒建议患者思考怎样给他人带来快乐，并不是为了让患者得到他人的感谢，而是为了让患者能够试着为他人着想，为他人而努力。

只要自己的行为能使对方感到开心，那就可以从他人的喜悦中获得贡献感。然而，如果我们不仅仅满足于带给他人快乐，还渴望得到他们的感谢，那么这种初衷就会变质为对认同的渴望，最终可能因小失大。

我们应该从他人的喜悦中感受到自我价值，而不是将自我价值建立在他人的认同之上。

从家务中获得贡献感

家务不仅是一项工作，而且是一项需要专业技能的工作。当我们意识到自己在为家庭做出贡献时，家人的感谢就变得不那么重要了。

有些人或许会说，家务怎能与其他工作相提并论？一旦有了这样的想法，家务就会变得令人厌烦。他们可能会抱怨，为什么吃完饭不能像其他人那样悠闲地看电视；甚至看到水槽里堆积如山的餐具时，不仅会心生不满，还会因此伤心落泪。

然而，**家务并非是一种牺牲，而是一种对家庭的贡献**。在做家务的过程中，我们可以真切地感受到自己为家庭所做的贡献，进而认识到自己的价值。一旦有了这样的认识，我们不仅会停止逃避家务，甚至可能会主动承担家务。

在做家务的过程中，如果我们能从中获得成就感，认识到自己的价值，就会激发出宝贵的勇气。我们甚至可能会在做家务时愉快地哼起小曲。看到我们如此快乐地做家务时，其他家庭成员或许也会感到好奇："洗碗真的这么有趣吗？"然后，他们可能也会加入其中。

当然，**他人的看法并不是最重要的，关键是我们能从中获得成就感。**

但是，对于那些极度渴望认同的人来说，如果自己的行为得不到他人应有的认可，他们便不会因此感到快乐。

无须向外寻求认可

由于母亲去世得早，我和父亲的二人生活持续了相当长的一段时间。过去，母亲从不让我进厨房，现在想来，这大概是她对我的一种珍视和期待。作为母亲，她更希望我把时间花在学习上。所以，尽管我当时已经25岁，厨房对我而言仍是一个陌生的领域。

而我的父亲，作为一个典型的昭和男儿，长期扮演着家庭的经济支柱角色，也从未踏足过厨房。母亲离世后，我们两人过了好长一段时间的外卖生活。

当时，父亲已经快要退休（当时退休年龄是55岁），但他仍然每晚回家吃饭。我曾听闻，虽然父亲是他们公司社长的侄子，但那位社长当年曾专门表示，不会因此就对父亲有什么特别照顾。

即便如此，只要父亲愿意努力，升职应当不算难事。但他对此似乎并不热衷，现在想来，父亲确实品格高洁、行为端正。当下属结婚时，他们会邀请父亲担任婚礼的证婚人；当公司内部成立橄榄球俱乐部时，他们也会请父亲担任顾问。我从未见过父亲工作的样子，但在他与同事们的合影中，他总是笑得那么灿烂。

某一天，似乎是厌倦了每天吃不同餐厅的外卖，父亲嘟囔了一句："还是得有个人做饭啊。"

我当时非常清楚，父亲所说的"有个人"中肯定不是指他自己，于是我下定决心准备开始学做饭。

父亲的抱怨固然是我踏进厨房的契机，但真的开始做饭后，我竟也从中找到了些许乐趣，甚至会有些后悔为什么没有早点接触烹饪。结婚后，我偶尔也会下厨，可做饭着实不是个简单的活计，思考每天的菜单更是劳神费力。有一次我向妻子抱怨，每次都不知道要吃什么、该买什么菜。于是，在下次我去买菜之前，妻子递给我一张纸条。我本以为这下不用纠结了，但打开一看，上面赫然写着五个大字"啥都买点儿"。

虽然有些辛苦，但只要能通过做饭产生贡献感，那我也就能感受到做饭的乐趣。当然也有人会因为丝毫没有产生贡献感，进而觉得不满。这样的人，在生活的各个方面可能都会感到压抑。具体的事情，我们稍后再谈。

家务与工作，无法简单比较

在我们家，家务是公平分担的。当然，每个家庭的具体情况不尽相同，无论是分担还是由专人负责，只要家庭成员间能协商一致，便无大碍。但需明确一点：在外工作可并不意味着要比做家务高贵。

对于工作繁忙的现代人来说，家政服务可谓是及时雨般的存在。然而，**我们不能完全将家务全盘委托给他人，更不能忘记做家务时内心体会到的快乐。** 即便现在可以请家政服务，但总有一天我们需要自己打理家居。特别是在有孩子的家庭中，父母的价值观会潜移默化地影响孩子。**若父母轻视家务的价值，孩子未来也可能持相同观念。**

许多人声称，白天工作繁忙，晚上回家只想休息，无力顾及家务和孩子。**但白天外出工作，仅仅意味着在白天没有条件做家务，并不代表晚上也不能分担。** 家务并非某一家庭成员的专属义务，"白天要上学"或"白天要工作"并非拒绝家务的借口。

收入的多少不应决定家庭地位的高低

可能有人会产生疑问，比如家庭主妇，她们的衣食住行都依赖于丈夫，那么夫妻之间的地位如何能够平等呢？再者，相信许多人小时候都听过诸如"那么想要就自己赚钱去买啊""我掏钱供你吃喝，还送你上学，你有什么好抱怨的"之类的话。可随着时间的流逝，大多数人都会忘记当时的气愤与委屈。

按照这种逻辑，如果小孩无法赚钱养活自己，那他们就应该完全服从父母的要求，成为父母的忠实奴仆。但仅仅基于经济关系，又怎能界定人与人之间的地位差距呢？

对我而言，幸运的是，虽然我负责接送孩子、处理家务，并且收入不如妻子，但我并不会因此而看轻自己的价值。

家庭分工

我结婚的时候，其实还是个学生。当我的师母，也是我与妻子的媒人提醒我，每周至少要打扫一次房间时，我感到非常吃惊。当时我与妻子白天都有工作要做，很难腾出时间来做家务。

在这种情况下，分担家务变得尤为重要。但具体家务的分配应根据个人实际情况来定，而不应受刻板印象的束缚。无论家务分工看起来是否合理，只要夫妻双方能达成共识，并且能发挥各自的优势，那就是最好的安排。

在家庭分工方面，最关键的是让所有家庭成员都参与其中，并让他们感受到自己的付出是为整个家庭做贡献，而不是一种牺牲。 当人们在家务中找到贡献感时，即使没有得到外界的关注和感谢，他们也不会感到不满。相反，如果人们总是依赖他人的认可来行事，一旦缺乏表扬或感谢就大为不满，家庭关系很快就会走向崩溃。

当今时代，双职工家庭屡见不鲜。当然，与其说是双方都选择外出工作，不如说是不工作就无法维持生计。然而，**在有些家庭中，即使夫妻双方都在工作，男性依然会回避做家务与育儿，这就导致婚姻关系摇摇欲坠**。我认为这种现象是不合理的。虽然做好家务分工是一种方法，但只要不改变"做家务＝牺牲"这个看法，问题就不会得到根本性的解决。如果夫妻双方都能认识到做家务是为家庭做贡献，那么他们就不会再计较谁做的多、谁做的少。

我把自己关于工作要有贡献感的观点分享给一位朋友时，却得到了完全否定的回答。当时他还很年轻，在便利店工作。他抱怨说，自己每天只是机械地敲打着收银机，既无乐趣，也找不到任何贡献感。但其实，我们只要换个角度来看待问题，就会发现它完全不同的意义。对于深夜伏案工作的人来说，一家能及时提供墨水、钢笔等文具，还能提供复印服务的便利店是多么重要；更别提能提供品类丰富的各种美食的便利店，是多少饥饿人士的福音。在便利店工作，不就意味着在为那些需要便利服务的人做贡献吗？

关于育儿

在我踏入 30 岁的那年，我和妻子迎来了我们的第一个孩子。孩子大约一岁时，妻子便重返职场，因此我们决定将孩子送到保育院。在当时，保育院的入学标准已相当严格，若无法充分证明家中确实无人照看孩子，相关部门绝不会轻易批准我们的申请。

幸运的是，后来我们的儿子和女儿都顺利进入了保育院。但这也意味着，在很长一段时间里，我需肩负起接送孩子的重任。

那时，父亲负责接送孩子在许多人眼里还颇为新鲜，当人们看到我和儿子走在一起时，常常会好奇地询问原因。遇到开明的人，我会坦诚相告；但若遇到那些思想守旧、坚持认为"育儿是母亲的天职，怎可假手他人"的人，我也只能含糊应对。

保育院，本质上是一个为因工作忙碌而无法照看孩子的家长提供帮助的机构。然而，一旦孩子在保育院出现问题，人们往往会立即归咎于孩子缺乏父母的关爱。

虽然这与本书主题无直接关联，但我想澄清的是，无论孩子在保育院发生什么，那都应是孩子与保育院间的问题，与父母的关爱多少无关。因此，即便院方将孩子的行为归咎于家庭关爱的缺失，家长们也往往无能为力。

更何况，在这个时代，又有哪位家长会不关爱自己的孩子呢？如今谈及家长与孩子的问题，更多的是关于家长的"过度保护""过度干涉"，或是孩子的"缺爱"。

有很多保育员可能会不理解，为什么在这样的大环境下还是有很多母亲会为了工作而将孩子送到保育院。我偶尔会看到，为了安抚孩子的抵触情绪，家长们想尽一切办法将孩子送去保育院。尽管平衡工作与育儿是个难题，但这些家长似乎总能应对自如。

我想，这或许是因为这些家长无论工作还是育儿，都能从中获得贡献感。贡献感才是工作的本质，无论工作还是育儿，只要能感觉到自己正在为他人提供便利、创造价值，就能切实地感觉到自己的价值。

建立了这样的观念后，我们便会明白，**工作的内容并非关键，能不能从工作中得到贡献感才是最紧要的。**那么，你现在的工作能让你产生贡献感吗？

第二章

人的价值，不是只有"生产力"

在第一章中，我引用了阿德勒的观点："只有当我的行为可以为共同体带来利益时，我才能认识到自己的价值。"

如果将这句话中的"行为"换成"工作"，我们便可以推导出这样一个观点：只有当我的工作可以为共同体带来利益时，我才能认识到自己的价值。而一旦认识到自己的价值，我们就会更有勇气去融入人际关系。**只有融入人际关系，我们才能真正体验到生活的欢乐与幸福。**

然而，这里引发了一个问题：如果人们认识到自身价值的先决条件是为群体做出贡献，那么，那些因年老或疾病而丧失劳动能力的人，是否就失去了为群体做出贡献的能力？

　　当今时代，人类的平均寿命大幅延长，人们退休后，仍要面对漫长的余生。尽管有些人能够在任何年龄都保持健康和活力，但大多数人都不得不面对衰老和疾病带来的挑战，看着自己一步步走向衰弱。当人们意识到自己无法再为社会做出贡献时，很容易陷入悲观和消极情绪，甚至否定自己的价值。但事实真的如此残酷吗？

　　尽管本书的主题聚焦于"工作"，但我们或许可以从另一个角度来探讨"不工作"的概念，这或许能帮助我们更深入地理解工作的本质。

在工作之外也可以找到个人价值

对于那些将工作视为生活全部，并完全基于工作来定义自己的人，失去工作能力无疑是一个沉重的打击。然而，对于那些能在工作之外找到自我价值的人来说，失去工作能力固然痛苦，但它仅仅是人生众多挑战中的一个。

因此，在丧失工作能力之前，我们必须探索与工作无关的生活方式，以此来确认和实现自己的价值。

失去工作能力之后

从阿德勒的研究结果来看，失去工作能力的老人要么变得对子女唯命是从，要么变得愤世嫉俗、无差别地批判生活中的所有事物。

为了避免这种情况，"无论老人60岁、70岁，还是80岁，都最好不要劝他停止工作。"在当年，阿德勒的观点可以说是石破天惊；但时至今日，这样的建议已不再新奇。

我父亲在55岁时就退休了。虽然之后他又作为返聘员工工作了大约10年，但对我来说，看到他在还算年轻的年纪就退休，感觉那实在是种浪费，不由得感到惋惜。

当然，虽然当下人们的平均寿命相较以前有了巨大的变化，但随着年龄的增加，不只是体力，我们的智力水平也会迎来不可避免的衰退，逐渐影响到我们的工作能力。

然而，体力和智力的衰退并非衰老的弊端，而是年龄增长的必然结果。阿德勒在他的著作中提到，工作能力几乎是衡量个人价值的决定性标准。在以职权高低衡量身份地位的组织中，离职无疑意味着被宣告彻底失去价值。如果将这种观念奉为人生信条，那么退休无疑代表着开启了一段失意和落寞的生活。

那些从年轻时就被尊称为"老师"的人，在退休后往往会因为失去这一头衔而感到愕然。与过去不同，现在的学校老师已经无法仅凭职业身份就获得尊敬。对于那些一踏入工作岗位就被称为"老师"的人来说，退休带来的这一变化无疑是一个沉重的打击。

融入集体、远离孤独是人类的本能，因此，当不得已必须离开公司，离开这个奉献了人生大半青春的组织时，很多人都会感到不安。**被宣告必须离开职场的那一刻，人生中的一大危机就此产生。**

当然，也有些人会享受退休后悠闲自在的生活。当离开工作岗位后，人们往往会下意识地认为自己已经年老体衰，开始怀疑自己的健康状况变糟，并人为地限制自己的人生可能性。

前文提到阿德勒的观点是不应剥夺老人的工作以免他们失去贡献感，但这并不意味着我们必须鼓励老人继续工作。

劝说也好、制止也好，关键不在于老人是否还能工作，而在于当衰老和疾病真正来临时，他们能否依

然感受到自己的价值。

例如子女可能会担心年迈的父母发生危险而劝说他们不要开车。但要强的老人往往不会轻易接受这样的建议。如果想让老人真正放弃驾驶，不能仅仅告诉他们开车危险——这样的理由很容易被他们驳回。关键在于要让他们认识到，即使无法开车，他们也并不会失去个人价值。

认清事实，承认衰老

面对衰老时，我们无须沉溺于青春逝去的哀伤中，而应认识到，即便失去某些能力，我们仍能以不同方式为他人做贡献。这是度过老年危机的关键所在。要明白，青春虽一去不复返，力所不能及之事日增，但我们的价值并未因此而减少。

有些老人虽承认年华已逝，却坚信自己能力不减当年，甚至执着地寻求"证明"，试图否认衰老。然而，此种行为不过是徒劳的挣扎。

要认识到，即便失去某些特殊能力，即便无法重现年轻时的辉煌，我们的价值依旧不变。要实现这一点，就不可将自我价值建立在某一特定能力之上。

痴呆症虽然是一种脑部疾病，但它其实也受一定心理因素的影响。如果人们将自己的个人价值建立在某一能力之上，随着年龄增长和能力流失，记忆力和思考能力也会不断衰弱，一些人正是因为无法接受这样的事实而患上了痴呆症。

日托中心的回忆

我曾在某家精神病院的日托中心工作过一段时间。虽然人数不固定，但基本上每天会有 50 多名的患者前来治疗。

当时，我每周只出勤一天，所以我也不清楚其他时段的治疗方案。而我的工作内容，就是带领患者做饭。既然要做饭，那就必须要有食材。每次开始前，我会先带患者们一起去买菜。我希望共同购物和烹饪的经历能对他们的病情恢复有所帮助。

用阿德勒的理论来解释这一治疗方案，就是通过劳动让患者感到自己对他人有用，从而产生贡献感，化解他们的自卑情绪。更乐观地看，这还能让他们认识到自己的价值，从而鼓起勇气融入人际关系。

治疗当日，我会在一开始宣布当天的菜单，带领患者们一起去附近的超市买菜。当然，愿意和我们一起出门的患者总是不多，每次基本都只有五六人。

买完食材、回到医院后，我们就会开始准备烹饪。此时我们会尽可能地号召患者来帮忙，但同样响应者寥寥，一般只有 15 ~ 20 人会举手响应。也就是说，在我们烹饪期间，有一半以上的人只会漠然地旁观。与家庭烹饪不同，为 50 多人准备饭菜是一项浩大的工程，所以每次我都筋疲力尽。

到了用餐时间，所有人都会聚在一起用餐。即使有些人从未参与烹饪，负责做饭的患者也不会感到不满。患者们一直以来都默契地认为：今天能工作，不代表明天也能。所以只要身体状况允许，每个人都不会吝惜他们的劳动力。

在这里，没有人会指责那些选择休息的人，更不会宣扬"不劳者不得食"的道理。在我看来，这里可比外面的社会健全得多。

理性之外的抉择

我因心肌梗死住院，是在 2006 年的 4 月。当时我已经辞去全职的工作，做回了自由职业者。那段时间里，我写过书、做过翻译，也做过心理咨询师和兼职老师，不知不觉中，我的身体情况逐渐恶化。回想起来，如果我早些察觉身体的异样并及时治疗，或许事态不会如此严重。但当时，我总找各种理由自我安慰，迟迟未去医院。结果就是，某天早上，我被送上救护车，抬进了医院。

幸运的是，我逃过了一劫。但刚入院时，别说是工作，就连看书和听音乐都是奢望。我整日躺在 ICU 病房里，一动也不能动，连翻身都得让别人帮忙，每隔几个小时都得麻烦护士一次。

虽然身体状况逐渐好转，但我仍然无法工作，于是我想着至少可以看看书。平日里忙碌的工作让我鲜有阅读的时间，所以在得到医生许可后，我请人从家里带了许多书来。

某日，在我与医生谈起出院后的工作计划时，他告诫我："你得限制一下工作量了。但这个问题，不是单靠理性思考就能解决的。接不接工作、接什么样的工作，最终还是要遵从你内心的意愿。你可以写书，书毕竟能保存很久，比较有成就感。"

那时，我问医生是否能以病情为由推掉一些工作。他毫不犹豫地表示同意。"是否工作、做什么样的工作，并非理性思考所能决定。"这番话极大地引起了我的兴趣。受到他的启发，我第一次意识到，我可以依据自己的意愿选择工作，而非听从理性思考的结果。

当然，为了不让合作伙伴感到惊讶，我也不能过于任性。我曾以为自己无法拒绝工作邀请，但医生的建议和"许可"让我得以名正言顺地放松下来。

作家泽木耕太郎曾被同期的作家水上勉邀请远赴某国访问，如果成行，他就会以正式的访问团成员的身份受到该国国宾级的款待。然而，访问的日期却与他此前约定的一场小型演讲会的时间冲突了。泽木与水上聊到这件事时，水上强调他不能辜负任何微小的承诺。

虽然书中没有介绍演讲费用的问题，但和他平时举办的大型演讲会不同，那场演讲规模较小，想来无法给他提供和平时一样的报酬。作为演讲者，无论场合大小都应全力以赴，场地和规模其实影响不大。从水上的"微小约定"中，我学到了很多宝贵的经验，我自己此前也做过很多次这样的决定。

世界上有很多事情是无法靠理性思考完全解决的。比如无氧攀爬珠峰的登山家，为了成功登顶，他们会尽可能地削减随身行李，避免消耗体力。然而，如果在挑战途中遇到了不幸负伤的登山者，他们也绝不会为了登顶而置之不理。

你有没有工作的"目的"

里尔克认为："艺术作品中，凡是必然产生的，都是好的。"换言之，诗人先有"诗"的灵感，然后才有"写诗"的行为去记录它。诗人可以写，也可以不写。那么，是什么激发了诗人的创作欲望呢？

里尔克所说的"必然产生"，指的是艺术作品应源自作者内心"不得不创作"的强烈欲望，那是种无法抑制的内心冲动。作品会获得怎样的评价，或者能为作者带来多少财富，这些都只是"创作"行为的附属品，而非创作的真正目的。例如，梵高和高更一生创作无数，尽管他们的作品在生前并未获得太多赞誉，但他们从未放下画笔。可见，金钱和名誉并非他们的创作动机。

对于绘画，阿德勒有着这样的见解。

"当某个人决定开始绘画时，我们在他身上可以看到所有怀揣同一目标的人所特有的态度。一旦开始创作，他会用尽全力确保自己在绘画过程中的每一个行为都始终如一，精细严密宛如自然规律。然而，这样的人、这样的绘画，真的有其必然性吗？"

如果我们仅将绘画视为一种人类行为，或许可以勉强用自然规律来解释。然而，归根结底，画与不画并不像地心引力那样是不可抗拒的自然法则，它只是一种选择。人们可以根据自己的意志决定是否进行绘画。

无论写诗还是绘画，人们在创作过程中都需要诸如纸张、画笔之类的工具，同时也需要一个创作的主题或概念。但是，在此之前，如果不明白自己究竟是为了什么而创作，找不到自己创作的目的，即便有再好的道具、再精妙的创意，也不会有任何成果。

亚里士多德将创作的目的称为"善"。他举例说，创作的目的可以是个人的愉悦，也可以是销售作品。具体的目的因人而异。

里尔克在信中曾劝告年轻诗人卡普斯，希望他能仅仅遵从内心无法抑制的创作冲动进行创作。然而，也有人是为了发表作品、维持生计而创作的。

而阿德勒认为，工作的目的是给他人做贡献。

比效率和成功更重要的东西

每当我们想要做些什么时，总会先设定一个目标。然而，我们如果为了达成这个目标，只专注于与之直接相关的事务，而忽视其他一切的话，可就有问题了。生活中，我们所使用的各种工具与机器，都具备极强的目的性，它们都是为了达成某个目的而被制作、使用的。举例来说，刀的存在就是为了"切割"。

然而，人的身上并没有这样的属性，我们并不是为了某个目的而存在的。相反，我们要自己去寻找、创造自己的目的。在追求目标的过程中，我们常常会做一些与目标无直接关联的事情，这恰恰就是人与机器的区别所在——人，拥有自由的意志。

我并不认为高效率是人类理想的生活模式。人生的终点是什么，我相信每个人都心知肚明。那么，在走向这个终点的旅途中，我们为何不多做一些看似"无用"的事情、多走一些弯路呢？**人生的意义并不在于匆匆抵达终点。**漫长的旅途上，如果只是昏睡，岂不毫无乐趣？在到达目的地之前，何不多多欣赏沿途的风景呢？即使可能会迟到，可能会迷路，但偶尔的离经叛道，不也是生活中的一种乐趣吗？

很多人会把成功与金钱当作工作的目的。每每看到这样的人，我总忍不住想问："难道成功就是唯一的追求吗？难道金钱就是一切吗？"

如果我们只盯着一个目标前进，很可能会错过生命中更加重要的东西。在这一点上，只重视效率与利益也是一样的结果。有的时候，我们可能无法得到想要的结果，可能会花费更多的时间。但是，我认为**比起结果，更重要的是为了得出结果而努力的过程**。事实上，我们所做的很多事情可能永远都不会成功，但难道因为无法实现目标，就要否定我们付出的所有努力吗？

成功并非人生的终极目标

通常，为了做成某件事情，我们会给自己设定一个目标。然而，在工作场合中，个人的目标和公司的目标并不总是一致的。因此，在设定个人目标时，我们不应仅仅追随公司的脚步。**目标，本质上是为了更好地完成工作而设定的**，但如果我们过于追求这些目标，它们反而可能成为我们工作和生活的枷锁。

我在之前的讨论中已多次提及，工作只是生活的一部分。当工作给我们的生活带来沉重负担，甚至影响到我们的自我认同时，我们就需要重新审视是否应该继续这份工作了。

在工作上取得成功并不是人生的目标。可能有人会反驳，如果不工作就赚不到钱，赚不到钱就无法生存。可是，个人也好，集体也罢，能赚到钱就意味着富有吗？并不是。真正的富有与经济、金钱之类的东西毫无关系。当年我上学时，有时候连书都买不起，可即便如此，我也从未认为自己有多么不幸。

第欧根尼是苏格拉底思想的传承者，也是犬儒学派的杰出代表。关于这位古希腊的哲学家有着这样的一则趣闻。据说，他每天生活在一个桶里，不需要任何财物。但实际上，为了生存，他还是有一个喝水用的小碗。

有一天，第欧根尼看到河边的孩子们直接用手捧水喝，于是他扔掉了那个小碗，并感叹道："我输给了这些孩子。"

古希腊哲学家泰勒斯提出水是万物的起源，关于他，也有这样一则趣闻。有一年，他根据天文学预测到第二年橄榄将大丰收，于是他在当年的冬季租借了大量的榨油机。

果不其然，第二年夏季橄榄丰收，可兴高采烈的人们这时才注意到，市面上几乎没有几台榨油机，于是只得找泰勒斯租借，泰勒斯因此获得了大量的财富。古往今来，哲学家们似乎都过着清贫的生活。泰勒斯虽然因为贫穷而遭人非议，但他通过实际行动证明了，只要他想，他随时都能成为富翁。而他之所以不那么做，只是单纯地因为赚钱并不是他的人生目标。

对泰勒斯而言，人生中还有许多重要的事物。在这些事物面前，金钱一文不值。

有这样一则故事：一名自称从小遵守清规戒律的

信徒询问他人，怎样才能拥有永恒的生命。

被问的人回答道："你还差一步——去变卖你所有的东西，分给穷人。"

那人听见了这话，脸上变了颜色，忧愁地离开了。他是一位大富翁。

这个故事并不是说，我们为了追求永恒的生命，就要如第欧根尼一般扔掉自己所有的财产，连一个喝水的碗都不保留。它真正想要表达的，是人绝不能为金钱等外物所束缚。

比生命更重要的事物

再谈谈我住院的那段经历吧。那天早晨，我突然失去意识，醒来时已经躺在了医院的病床上。后来听说，多亏那天治疗我的医生是心脏导管手术领域的专家，我才能捡回一命。虽说不至于丧命，但我的心脏还是出现了一部分坏死。这种无法治疗的病症导致我即便能出院，也不可能如从前一样工作了。

　　住院期间，出版社送来了校样。当时编辑并不知道我住院，其实我只需一封邮件就能推掉这份工作。但不知为何，我始终没有发出那封拒绝的邮件。

　　要说原因是什么，一方面是如里尔克所讲的那样，这是一种源于内心的渴求，哪怕仍在病中，我也不想放弃写书。而另一方面，则是出于我对工作的担心。我担心如果以生病为理由推迟交稿，未来可能很难再接到这样的工作。现在看来，当时的担忧或许有些多余，但那时的我确实感到前路茫茫。

　　当时我其实才脱离危险没多久，刚能起身就立刻爬起来工作。主治医生看到我忙碌的样子，劝我不要太过劳累，但我手中的红笔始终不愿停下。"你可以写书，书毕竟能保存很久，比较有成就感。"如果我们咬文嚼字地来看的话，这句话还有一种比较恶毒的解读方法——"如果你将来不在了，至少你的书会流传下去。"但当时我听到医生说这句话的时候，我曾发自内心地认为写书更重要一些。医生也说过，人在做选择时，不能总是依赖理性思考。

据说，柏拉图是在写作时去世的。这句话其实可以理解为他还未写完手中的作品就离世了。但当时的我联想到自身时，眼前总是会浮现出他伏在桌前猝然离世，抓握着纸笔断气的模样。我当时觉得，这样的死法对于我这种以写作为事业的人来说，真是再适合不过了。只是脱离了生病导致的莫名的悲怆感后，我回头再看当初的想法，确实是感到有些羞耻。

不过，有些想法并非完全源于悲怆感。我刚住院的那段时间，每晚睡前我都会胡思乱想，害怕会不会就这么一睡不起，再也见不到明天的太阳。不过一段时间后，随着我和医生、护士等工作人员的交流变多，我偶尔也会和他们商量些事情。渐渐地，我开始认为，我住院只是为了治病，并不是要在这里久住。一旦这么想，虽说不至于彻底忘了生病的事，但我每一天都能过得比较充实，恐惧的情绪也慢慢消失了。

住院期间，我又是做校对，又是写我的心肌梗死生还日记，偶尔还会发博客，似乎十分忙碌。但驱使我这么做的动力，已不再是对死亡的恐惧。

别用"生产力"来定义自己的价值

如果告诉那些初入职场或已身在职场的人，人的价值并非仅仅在于为公司创造多少财富，可能不会引起太多人的共鸣。

当然，就像上文中所叙述的日托中心的例子一样，但凡是有工作能力的人，能通过工作自力更生自然是好的。但我们必须认识到，"能做什么"并非衡量一个人价值的唯一标准。相反，**人的真正价值，源自生命本身。**

记住这一点不仅有助于我们更准确地评估自己，还能帮助我们解决职场中的人际关系问题。关于这一点，我们将在下一章进行深入探讨。在此，我想强调的是，如果仅仅以能力作为衡量个人价值的标尺，那么我们只会以消极的视角来看待自己和他人。

"追求卓越"本身并非坏事。但是如果设定的目标高到难以企及，那么我们不但可能会半途而废，有时还会自暴自弃，甚至是打击有着同样志气的年轻人。这样的代价未免太大了。

成果的取得，绝非在一朝一夕

前文提及，在我父亲工作的年代，法定退休年龄是 55 岁。那时，人们大学毕业后便会进入某家公司工作，直至退休才离开。对父亲来说，公司好像就是他的第二个家。我家的相册里，甚至还有几张他新年时在公司拍的照片。如今的年轻人可能难以想象，竟有人愿意在新年时还工作。

在那样的公司环境中，人们即使不能立刻展现成果，也不会被轻易淘汰。这种制度虽有其弊端，但至少为那些不适应结果主义的员工提供了一个缓冲机会，让他们有时间逐步雕琢自己。如此，即便需要 10 年、20 年，他们仍有机会展露才华。

慢热的或是大器晚成的人才想来并不适应如今的这个时代。在我上学的时候，我曾听说有位教授 30 年都没有发过一篇论文。我会提到这件事，确实是因为它足够罕见。可换个角度来讲，学术本来也不是靠考核就能"逼"出来的东西。

"学校"一词源于古希腊语的"schole"，原意为"闲暇"。因此，"忙碌的学校生活"这一概念本身就是矛盾的。学校生活不应是忙碌的，如果学生不能在愉悦、自然的环境中专心学习，那么无论建筑多么豪华、藏书多么丰富，都难以称之为真正的学校。

有些人看似不务正业，却能取得更为显著的成果。

数学家冈洁曾在某个夏天受邀去北海道大学理学部做研究，当时分配给他的房间原是接待室，房间里还摆放着高级的沙发和躺椅。每当冈洁想做研究时，总会有困意袭来，于是他不到十分钟就躺在沙发上睡着了。由于他每天都在学校里睡觉。渐渐地，理学部那边开始流传一些风言风语。

到了九月，冈洁准备离开。然而就在某个早上，在友人家吃过早饭后，冈洁在隔壁的休息室里稍微休息了片刻。正是在那段短暂的时间里，他找到了解决问题的方向。两个小时后，他就解决了那个在来北海道之前就困扰他的难题。

在我读研究生的时候，我基本上天天都认真地去上课。但某天老师的一席话让我深受触动。

"你们好像很喜欢上我的课，但是，你们什么时候学习呢？"

对于真正渴望学习的人来说，无须外界强制，他们也会主动学习。这样的人若投身研究，即使短期内无法取得显著成果，最终也定会在某个领域熠熠生辉。

对于这种观点，可能会有人反驳，说这只不过是学术领域的特殊情况。但我们不能忽视的是，正是结果主义的盛行，才导致现在的人们认为无论做什么事都应该立刻产出成果。

哪怕什么也不做

我父亲晚年时不幸患上了痴呆症，在他生命的最后阶段，我承担起了照顾他的责任。虽然说是照顾，但实际上我大部分时间都只是在他身边陪伴着，似乎并没有提供什么实质性的帮助。

随着时间的流逝，父亲沉睡的时间一日一日地增长。在父亲睡觉的时候，我倒是能抽出时间来工作。虽然不必时刻照顾他让我有了些许轻松，但我心中总觉得，只是看着父亲睡觉，又算什么照顾呢？

当然，父亲醒来之后，我要做的事情自然不少。这样的愁绪，也只是父亲沉睡或是发呆时我的一些零碎的迷茫而已。

某一天，我对父亲说："要是你天天都只是睡觉的话，那我不来也可以吧？"

父亲不假思索地说："不是啊，就是因为有你在，我才能安心地睡着。"

于是我也想起来，以前我刚出院的时候，白天一个人在家确实会感到不安。或许，我之所以会认为陪伴不算是照顾，可能就是因为我受所谓的社会常识影响太深，将自己的价值和"生产力"画上了等号。

第三章

怎样改善职场中的
人际关系

其实，许多人并不反感工作本身，甚至可以说他们享受工作的乐趣。**人们真正厌恶的，其实是职场中人际关系的问题**。比如，上司的无端指责、同僚的嫉妒、无处不在的流言蜚语……

所以，要想专心致志、心情愉快地工作，我们首先就需要优化职场中的人际关系。员工可能会对公司的上司有所不满，但殊不知，上司可能也在为如何处理上下级关系而烦恼。本章将探讨如何优化职场人际关系，为自己营造一个轻松愉悦的工作环境。

寻找失败的原因毫无意义

如果下属在工作上屡屡失误，上司往往会先在下属的身上找原因，责怪下属缺乏他们当年的谦逊和勤勉，认为是下属的轻浮态度导致了错误。然而，他们过度的训斥可能会导致下属心生反感，甚至选择离开。

若是把背景放在学校，遇上学习成绩不好或是引发事故的孩子时，人们大多会说问题都出在孩子的家庭环境上。但职场里的人不会做同样的归因，他们的做法更为高明——将问题归咎于下属的性格缺陷。

然而，既然是上司交给下属的工作出现了问题，那么将工作交给下属负责的上司就没有责任吗？一味将错误归咎于下属的性格，而让自己置身事外，这无疑是一种逃避责任的表现。

这样的行为与学校里那些声称学生追不上教学进度，要求家长在外面给孩子补课的老师没有区别。

只要还有这样的想法，问题就永远无法得到真正的解决。

人际关系中的思考

那么，怎样才能更好地管理下属，减少他们的错误呢？这个问题值得上司深思。良好的上下级关系不仅能改善整体工作环境，更重要的是，如果上司能理解下属的想法，就能减少对他们行动的质疑，进而减少彼此间的摩擦。同时，只要下属能感受到上司的关怀，他们就不太可能主动去制造事端。

如果上司愿意自我反省，思考下属屡屡犯错是否与自己有关，也许就能抓住解决问题的关键。

人所有的言行并非凭空产生的。阿德勒认为，所有的言语和行动都有其目标对象，其最终目的是引发目标对象的某种反应。

同样，如果人是孤立生存的个体，那么也不会有性格的差异。阿德勒认为，"人会在不同的人面前、不同的人际关系中塑造自己的性格"。性格并非是与生俱来的固定属性，而是在人际关系中不断被打磨铸造的特性。实际上，我们偶尔也能感觉到，自己在不同的人面前会展现出不同的性格特征。

当上司无端斥责下属时，与人际关系无关，此时性格已经不是问题的重点。**上司的所有言行，都是为了使其目标对象，也就是下属感到愧疚或是愤怒。**因此，如果下属能改变自己的态度，那么上司的态度也可能会随之改变。虽说天底下的上司发火训人大多是一个样子，但下属这个时候最好也仔细思考一下自己是不是也有过错。

通过深入理解上司的态度背后的意图，我们可以更好地处理与上司的关系。只要能够处理好上下级关系，就完全有可能改变上司的态度。

不要分类

　　另一个问题就是在职场中，我们经常会不自觉地先入为主地看待同事、上司或下属。然而，阿德勒提醒我们，不应将人简单地进行归类。无论何时，我们都是在面对一个个活生生的人，我们更应该重视每个人身上不可替代的独特之处。

　　然而，古往今来，人们总是钟爱"分类"这一行为，占卜之类的游戏也得以盛行至今。那么，职场上自然也会有这种风气。但如果我们将上司归入"讨厌"的范畴，那我们便会在潜意识里将上司视为讨厌的人，进而只关注其缺点，并且不断加深这种负面印象。然而，人的性格是复杂多变的，又怎能被简单地进行分类和定义呢？

　　如果上司因为下属的失误而感到焦躁的话，下属可能会误以为失误是获得上司关注的方式。这一点你乍一看可能会觉得很荒谬，具体原因我将在后文进行阐述。

还有一种情况是，如果下属因犯错而对工作失去信心，而上司仍然保持传统的批评态度，这可能会进一步打击下属的积极性，甚至将他们推得更远。

负起责任

那么上司具体该怎么做呢？这里直接说结论：即便下属犯了错误，也不要抓着错误不放，动辄训诫、责骂。当然，这也不是说要放任下属犯错而不管。既然做错了，就要让下属摆正态度、负起责任。

无论是重新开始还是恢复原状，都需要下属做出积极的回应。如果能完全消弭犯错的影响，让一切回到失误前的状态自然最好；但如果错误已经无法挽回，那么下属必须承认错误并承担相应的责任。

虽然每个人都希望避免失误，但现实中没有人能够完全不犯错。有些职业是绝对不允许失误的，如医生、护士之类的职业，哪怕一点小小的差池都可能导致患者失去生命。

但就算是医生、护士也不敢打包票说自己从没犯过错误。我们有时从错误中可以学到更多的东西。这样来看，错误对成长来说是不可或缺的。

话虽如此，但如果反复犯一个错误就不算是好事了。如何避免重蹈覆辙，是最紧迫也是最重要的责任。**如果下属知道自己哪里做得不好、可以继续改善，那就给予支持和鼓励；如果下属有心改正，却又不知从何做起，那就应该主动教导他们。**单纯的责骂并不会让下属心服口服，更遑论主动承认错误、负起责任。如果下属不能从错误中吸取教训，那么他们只会陷入反复犯错的恶性循环中。

下属犯错误是上司的责任

一般来说，人们往往认为下属在工作中犯错或未能达到预期成果，完全是下属自身的过失。但是，这不代表下属的错误与上司毫无关系。若上司的管理和指导无懈可击，下属或许从一开始就不会步入误区。那些对自身管理能力避而不谈，却单方面指责下属的上司，无异于那些只知催促学生校外补课的无能老师。

下属的错误，实际上反映了上司管理能力的不足。可世上绝大多数的上司都不会为此负责。有时为了逃避，他们甚至不惜严格管控每位下属，以此来预防错误的发生。

在职场中，决策是不可避免的环节。然而有时，一些上司会害怕下属的决策失误波及自身，所以即便是可能关乎下属职业生涯的重要决策，他们也会通过责骂等控制手段，剥夺下属的自由选择权利。这种只为了保全自己，试图将下属的机遇与风险全部扼杀的行为，实在是大错特错。**作为上司，应勇于担当，为下属的成长负责，激励下属，让他们依靠自己的力量做出选择，并在其成长过程中为他们提供必要的帮助。**

训斥无效

有些人可能认为，只要进行严厉的训斥，就能激发下属的斗志。但真实的情况则可能要打破这些朋友的幻想了——世上没有这样荒谬的事。训斥只会拉远人们的心理距离。阿德勒将愤怒定义为"分裂人际关系的情感"。尽管有人辩称训斥并非愤怒，或者认为愤怒虽无济于事，但斥责仍有必要，而实际上我们的情感并没有这么细腻精确。斥责，究其根源，往往来自愤怒。

上司如果带着愤怒去教导下属，就会导致关系的冷漠和疏远，下属很难真正接受他们的这些指导。特别是上司在教导经验与知识都相对不足的下属时，即使指导内容完全正确，下属也可能对他们产生抵触情绪。有时，上司的指导越是无可挑剔，下属的反抗心理就越强烈。

那么以后只要不训斥下属就可以了吗？也不是，如果不单独指出下属的错误，只用"我对你很失望"之类的评价一笔带过，同样也会打击下属的工作积极性。

有时候，下属因为恐惧上司的责骂，会选择一种绝对安全的工作方式——他们只做被明确分配的任务，绝不主动承担额外的工作，一切等待上司的指令，在工作上变得极为被动。如果团队中有这样的员工，那么极有可能是上司的责任。

如果上司要对每一项工作都发出明确的指示，下属只需按照吩咐工作的话，或许确实不会出什么岔子。但这样的话，下属的存在意义何在？为何不由上司亲力亲为？

显然，上司的时间有限，无法做到事必躬亲。很多时候，上司不得不将一部分工作委托给下属，而这些工作中必然包含需要下属自主决策的事情。

阪神大地震的时候，我的一位医生朋友主动前往灾区做志愿者。当时，许多学校的体育馆被用作避难所，收留了大量受灾群众。当时由于条件有限，人们无法泡澡，所以我的那位朋友就想在体育馆内安装一些简易的组合浴室。

然而，他的申请被拒绝了。官方以没有先例为由驳回了这一请求。但我的朋友并未放弃，为了解决这一实际问题，他决定无视官方的回应。

"官方不允许又如何，我就是个志愿者，难道还能开除我不成？"这是我朋友的原话。

无论是上司还是下属，在某些情况下，即使没有先例可循，也需要勇于承担责任并做出合理的判断。

就算被斥责，也想得到关注

如果我说有些人会为了博取关注而故意犯错的话，可能大多数人会表示怀疑。然而，请大家想一想小孩是什么样的。是不是有一些小孩，为了博取母亲的关注，会故意从很危险的地方跌落下来呢？尽管我们不愿承认，但这种行为模式并不会随着年龄的增长而消失。

在职场中，如果下属无意识地重复这种为了获得关注而犯错的行为，上司单纯的斥责不仅无效，反而可能正中其下怀。然而，完全避免斥责也并非解决之道，因为这可能导致下属为了寻求更多关注而犯下更多错误。

当斥责不再产生任何效果时，问题就不在于斥责的力度是大还是小，而在于这种方式本身已经失效。这个观点可能令人难以接受，毕竟长年以来，我们都习惯于"犯错即应受斥责"的思维模式。

但是，请大家想一想，小孩并不是不知道自己做错事情会被责骂，他们只是在被忽视和受斥责之间做出了选择。如果做得好的结果是被忽视，他们宁愿选择被斥责。对于这类明知故犯的人，斥责越多，他们反而可能更频繁地犯错。

不要表扬

也有一些上司会经常表扬下属。很多人都认为适当的表扬有利于提升下属的工作能力。虽然他们可能会在批评上有所迟疑，但表扬却往往毫不吝啬。可是，一旦人们认清"表扬"的本质，或许就不会那么轻易地给予赞美了。

我曾因心肌梗死入院抢救，至今已有十年。时至今日，我依然保持着两个月一次的频率去医院复查。既然是复查，自然免不了要抽血化验。于是在采血区，我见到了许许多多的患者，有大人，也有小孩。

面对抽血，有的小孩会大声哭喊，也有的小孩会默默忍耐。医生、护士和家长总会自然而然地赞扬那些安静听话的孩子。

以我自己的经历为例，虽然我曾经历过大型手术，但这并不意味着我能平静地接受抽血带来的疼痛。实际上，我也很讨厌那种痛感。当然，我不会在采血台上落泪，但如果因此受到表扬，我反而会感到愤怒，觉得自己被当成了笑柄。那么，为什么我们会如此自然地赞美孩子呢？这个差别非常重要。

"表扬"这一行为，从本质上来说，是有能力者对能力不足者做出的自上而下的评价。家长原本认为小孩无法忍受抽血的疼痛，所以当小孩真的忍受了疼痛时，家长会表扬孩子的勇敢。正是因为认为小孩的地位低于自己，所以家长才会表扬小孩。

从这个角度来看，我们就不难理解为什么上司不应轻易表扬下属了。"表扬"本身就是一种在垂直人际关系中发生的单纯的、自上而下的行为。

在职场中，无论上司还是下属，大家都是成年人。当上司表扬下属时，实际上是在暗示下属的地位低于上司。如果上司真心认为自己与下属地位平等，那么他们就不会也不应该给予表扬。

当今时代，恐怕只有遗老遗少会认为上司天然高贵、下属天然卑微。**尽管在职场中每个人的职位可能有所不同，但在人际关系中，每个人都是平等的。**

确实，相较于刚进公司的下属，上司的知识与经验都更加丰富，要承担的责任也更多。在这个意义上，上司与下属确实不同。但是，成年人和儿童在知识、经验和责任方面的差距更大，而这并不意味着他们的地位天然不平等。改变这个传统的上下级观念，应当是我们这一代人的使命。

那些受到夸奖便欢欣鼓舞的下属，其实暗地里也希望上司能发现自己的"无能"。这样的下属很容易被使唤，甚至只要方法得当，就可以如臂使指。毕竟，与其说他们是地位平等的同事，不如说这样的下属只是单纯的跟班。

当然，肯定有些上司不喜欢能主动做决定的下属。但是，如果下属为了取悦上司而事事等待指示，那么他们迟早会失去独立判断的能力。而对上司来说，尽管可能需要花费一些时间，但为了增强对下属的掌控，他们自然会不厌其烦地一一指导。

那些满脑子只想得到赞扬和认同的下属，由于无法独立认同自我价值，已经失去了自立的能力。他们必须依靠上司才能在职场中生存。反过来说，被他们依赖的上司也已经无法离开这些下属了。

骂不得，夸不得，那么上司到底该如何做呢？

关注下属的贡献

其实做法相当简单。多留意下属表现中的亮点，尽量忽略他们的不足。

这听起来或许有些令人费解，我通过一个例子来阐释。比如，孩子某天早上睡过头了，我们不必纠结于他到底几点才起床，而应该看到他最终还是挣扎着起来了。不要在孩子还没起床的时候就冷言冷语，既然孩子已经起了，那就只关注孩子起床这件事本身，尽量忽视掉那些不好的部分。

将场景换到职场，我们完全可以关注下属所做的贡献。不要只关注下属做错了什么，而要看下属做了什么。具体来讲，可以偶尔对下属说声"谢谢""帮大忙了"之类的话。如果上司总是认为下属的付出是理所当然的，那么自然就不会想到要向他们表达谢意。

下属由于知识和经验的限制，难免会犯错。比如说，小学的老师通常会从班主任做起。但是，对这些新人老师来说，犯错总是在所难免的，有时他们还会遭到家长的指责。

此时，**做上司的必须要适当地保护下属。**当下属犯错时，上司需要采取恰当的方式来处理。如果家长提出不合理的要求，上司应当出面应对，这既是上司的责任，也是其工作的一部分。

道理虽然是这样，但也有一些上司为了明哲保身，转而和家长一起责备下属。这种做法很可能会让下属失去继续工作的信心。或许某天早上，上司就会接到一通没头没尾的请假电话。此时，无论是上司也好、同事也好，都不得不接手这位老师的工作。

在工作中积攒经验、学习知识当然是新人老师的责任。但作为上司，我们更应该看到并承认下属的坚持和努力，他们的持续出勤本身就是一种值得赞赏的行为。

那么，为什么我们要关注下属的贡献呢？正如第一章中所讨论的，**通过贡献自己的力量，人们能够感受到自己的价值**。工作让人们觉得自己正在为团队做出贡献，并从中感受到自我价值。只要人们能够认可自己的价值，就会更有勇气去面对和处理人际关系。

当然，即便采取了这样的措施，也不可能完全杜绝下属犯错。但至少这样做可以让下属以更加自信的态度去面对和解决问题。同时，那些试图通过犯错来博取关注或因压力过大而选择辞职的情况也会大大减少。

贡献感的滥用

然而说到底，贡献感终究是个人的内心感受。萌生贡献感后，我们就会认识到自己的价值，从而鼓起勇气融入人际关系。职场也是一个小型社会，工作中同样存在人际关系，所以，贡献感也可以促使人们更加积极地面对工作。

但遗憾的是，这一概念经常被误解，甚至有人故意曲解其含义。

有些上司可能会对员工说："只有为公司做贡献，你才能实现自身价值。"

为什么说这是误解与滥用呢？因为贡献感只是人

们内心的一种感受，绝不是可以由他人给予，甚至是被上司强压着酝酿出来的情感。所以，将贡献感视为激发员工工作热情的万能钥匙，这无疑是一个巨大的误解。

这种强行产生的**贡献感**，本质上是把员工视为源源不断为企业带来利益的工具。在这种情况下，贡献感就会变质为对组织的忠诚，员工的工作目标也会变成为企业追逐利益。久而久之，组织本身的排他性也会越发严重。而阿德勒理论中的**"共同体"**这一概念虽然含义相当广泛，但其中一条核心原则是：当小共同体的利益与大共同体产生矛盾时，要优先大共同体的利益。

必须强调的是，真正的贡献感应是员工内心情感的自然流露，而非外界操控的产物。上司在这一过程中，更应起到引导与辅助的作用。那种在上司授意下产生的"贡献感"，本质上是对员工的心理操纵。在这种扭曲的感受中，上司的偶尔感谢被异化成"奖品"，成为员工竞相追逐的目标。

当然，有些人可能表面上对上司的赞许不屑一顾，但深入剖析就可以知道，他们之所以努力工作，也是渴望得到上司的认可。

就这样，为了得到上司的认可，员工之间会发生内斗。比起工作成果，员工的注意力会更集中于彼此的胜败。

对上司来说，想要操纵这些急需被认可的员工再简单不过。为了获得上司的青睐，他们往往选择顺从，而不是坚持自己的观点。

同样，当上司批评员工时，那些害怕上司的员工虽然会服从指示，但缺乏自发性和创造性。正因如此，那些富有主见、难以驾驭的员工，常常会在组织中受到冷落。

关于评价

每每提到夸奖或是与竞争相关的话题时，总会有一个绕不开的疑问，那就是在当今这个竞争社会，哪怕是在组织内部也免不了彼此竞争，那么评价是否已成为工作中不可或缺的一部分？

我在大学教了很久的书。因为学校要求学生上课必须要有成绩，所以我的工作内容也包括评价学生的表现。一提起评价、成绩这些词汇，人们首先想到的往往是考试。事实上，即便不进行考试，通过观察学生在课堂上的日常表现，我也能够大致了解他们的学习水平。

我负责教授的是古希腊语，有时会做一些语法的讲解。

有一次，我点名让学生进行翻译，但被点名的学生却默不作声。我感到困惑，于是询问他为何不回答。他给出了这样的回答："我害怕如果我翻译错了，老师会认为我是个没用的学生。但如果我什么都不说，老师你就无法判断我是否能正确翻译。"

我回应道："可是如果你什么都不回答，我也不知道你哪里不懂啊。万一是我的教学方法有问题呢？而且，就算你答错了，也只不过是你可能不太理解这个问题而已，怎么就牵扯到你的人格了呢？我从不会这样评价我的学生。"

这件事过后不久，当我再次点到那位学生时，他已经能够正常回答我的问题了。正是因为他不再害怕犯错，所以才鼓起了勇气。

我们首先要明确一件事：**考试或评价的首要目的在于检测学生或下属的实力**。只有明确现在的能力水平，才能制定正确的指导方针。

而次要的目的，则是检验老师或上司的指导方针是否有效。如果成绩不理想，有些老师或上司可能会将责任归咎于学生的年幼或下属的无能。然而，这些指责只是他们心虚的表现，因为他们不愿承认真正的问题其实出在自己身上。

从这个角度来看，考试与评价确实是一项艰巨的工作。学生或下属的成绩不理想，实际上也是老师与上司的责任。

防患于未然

下属犯错，责任并不全在下属，上司也需承担部分责任。下属犯错误或许是因为其知识与经验不足，但上司的指导失当也是原因之一。因此，想要防患于未然，上司就要给出有建设性的意见，而这必须建立在与下属关系良好的基础上。

如果下属能够坦然面对失败，单纯将其视为工作上的问题，那上司就可以相对冷静地给出改良的意见；而如果下属将上司的指责看作对自己人格的批判，那他们自然不会接受上司的建议。就算建议本身无懈可击，下属也会对其产生抵触。

遇到此类情况时，上司应避免情绪化地指责下属。否则，不仅无助于解决问题，反而会恶化双方关系。

斥责会拉远人与人之间的距离。上司的错误在于，不仅让冲动的情绪影响了人际关系，还试图在这种情绪下指导不成熟的下属。上下级关系一旦疏远，下属将难以接受上司的建议，甚至可能将其视为对自己人格的批判。若发展到这一步，上司将无法再有效地指导该下属。

遇到这种情况时，上司可以从知识、经验和承担责任等多个角度出发，向下属解释，虽然上下级之间确实存在区别，但那不过是工作上的差异，双方的人格是完全平等的。

之所以要解释这样理所当然的事情，自然是因为有些人深信由于职位不同，上司与下属的人格地位也存在差异。然而，只要上司持有正确观念并真诚地向下属解释职位高低与人格无关，即便是最固执、最叛逆的下属，也会受到触动。

基于此，上司一定要摘掉自己的"面具"。人这个词在英语中是"people"，其语源是拉丁语中的"persona"，意为"面具"。只有摘下面具，上司才能与下属建立真正的人际关系。

有观点认为，人们在职场中只需完成本职工作，无须与他人建立联系。但通过与同事合作，我们可以摘下彼此的面具，与同事建立真实的关系。当下属发自内心地认为上司值得追随时，自然会激发出新的工作热情。而这样的上司，不仅在工作能力上出类拔萃，同时更是一个值得尊敬的人。

如何应对不讲道理的上司

常常有人找我询问该怎样和不讲理的上司相处。这些人一般并不讨厌工作，甚至可以说对工作还有几分热爱。然而，由于上司过分的行为，上班对他们而言，反而成了痛苦与折磨。于是，在巨大的心理压力下，他们只能无奈辞职或是停职。

要探讨这个问题，就要从下属自身和上司的目的两个方向着手考虑。

为什么要看上司的脸色

面对令人不快的上司，一些人即便心知他们既不讲理又情绪化，却仍然试图揣摩其心思；另一些人，在私下里或许会怨言不断，但一旦站在上司面前时，便又极尽谄媚之能事。

理论上，若上司有误，下属理应直言不讳。人们之所以不敢，是因为害怕这样的行为可能会招致上司的厌恶——万一真成了上司的眼中钉、肉中刺，别说是现在的地位，怕是连工作都保不住了。所以人人都选择明哲保身，人人都成了上司的"应声虫"。

有人会说，今时不同往日。在从前终身雇佣制、年功序列制盛行的时候，人们只要不犯太大的错误，轻易不会丢掉工作。但在当下，上司的评价不仅影响薪资，更关乎职业生涯的存续。因此，下属不得不小心翼翼，时刻观察上司的脸色。

此外，揣摩上司心思还有一个隐含的动机：既然下属只是遵从上司可能不合理的指示，那么当工作出现问题时，责任自然应由上司承担，与执行命令的下属无关。

其实，既然发现有错，那就应该指出，哪怕上司的命令也不例外。如果为了保全自己而冷眼旁观，不仅有损企业利益，往大了说，甚至还可能有损整个社会的利益。

有些人即便明知这个道理，也依然会为了保全自身而对上司的错误视而不见，一旦事发便推脱责任。这种行为无疑是自私自利的极致表现。

对他们而言，即便没有大问题出现，能将上司作为犯错的借口也是一种慰藉。他们从不反省自己的无能，而是将失败的责任全部归咎于上司。这或许就是选择明哲保身的另一大理由。

为什么上司会不讲理

当面对下属的失误或其引发的问题时，上司常常会感到不悦。然而，这种情绪或许并非直接源于错误或问题本身。

确实，很多时候，从发现问题到斥责下属，看似是一个连贯的过程，让人误以为上司的愤怒仅仅是因为下属的失误。但就算真是如此，上司每次的态度也应该会有所不同。事实上，上司的态度变化往往只在一瞬间。既然他们选择了斥责，那就意味着他们期望通过这种方式来达到某种效果。

下属的失败无疑是触发上司斥责行为的直接原因。但有时，上司也希望通过这样的批评让下属认识到自己的错误，并避免再次犯错（这一观点已在前文证伪）。因此，在这种情况下，斥责并非完全针对错误或问题本身。

上司在责怪下属时，难免会有几分情绪化。这往往是因为上司认为如果不着重强调，就不会引起下属的重视，甚至反而受到下属的嘲弄。

上司扭曲的被认可欲

上司其实也希望得到下属的认同，这是被认可欲的体现。无疑，"渴望被认可"是普遍存在的需求，然而这种需求却常常引发诸多问题。

首先，"渴望被认可"本质上是无法填满的欲壑，无论获得多少认同，人都难以满足。在这一点上，上司和下属并无区别。

其次，那些渴望被认可的人，往往缺乏对自我价值的认知，他们只能依赖外界的赞许来构筑自我价值，从而对外界认可产生极强的依赖性。

从这个视角来看，上司渴望下属的认同，实际上体现了上司对下属的依赖。想来很多读者可能会感到不可思议，那么我们不妨来分析一下这个行为的成因。

若仅从工作层面考量，即便下属工作出错，上司也仅需承担部分责任。然而，上司为何会因此大发雷霆呢？其根本原因在于他们极度渴望下属的认可。为此，他们甚至不惜采用简单粗暴的方式，哪怕这可能与其初衷背道而驰。

为何上司会如此执着于获得认可呢？答案简单明了：因为他们深知自己的无能。真正有能力的上司无须通过斥责下属来彰显自己；只有那些无能的上司，才会试图通过斥责与下属进行沟通。出于自卑，他们担心采用正常的沟通方式会招致下属的轻视。

在这个世界上，尊重与爱都是不能强求的。如果一个人本身条件不足以得到他人的爱或尊重，那他就算把命令重复千百遍，也依然没有意义。

真正卓越的人无须反复炫耀自己的优秀。阿德勒曾说过："无论何时何地都渴望他人的承认，是矫枉过正的体现。"如果作为上司真的足够优秀，那自然不需要任何的证明或认可。

无能的上司往往喜欢在工作之外对下属横加指责，通过贬低下属来获得优越感。即使面对敢于反抗的下属，他们也会不遗余力地对其进行贬低和责骂，以此来巩固自己的地位。

屹立于支线战场上的无能上司

提升工作能力需要不断学习知识、积累经验并规划未来。但有些上司觉得这些还不够彰显自己的权威，于是他们在工作之余，也就是俗称的"支线战场"上责骂、贬低下属，以此来抬高自己的价值。

阿德勒将这种上司的态度称为"贬值倾向"。这种心态与霸凌和歧视一样，都是想在比自己弱小的人身上找到自己的价值。

　　阿德勒将那些为了证明自己的优秀而做出种种表现的行为称为"优越情结"，这本质上是自卑的过度补偿。所以感到自卑的上司会竭尽全力在下属面前掩盖自己的无能。

　　通常这样的上司会试图通过呵斥下属来维护自己的权威。但是，对正常的上司来说，有无权威本就无足轻重，更遑论维护。即便不靠权威，真正有能力的上司也自然而然会得到下属的尊重。

　　况且，真正有权威的上司大多心知肚明，下属的服从并不来源于尊敬，而来源于恐惧。这一点正是区分有能与无能的分界线。

　　更进一步说，无能的上司会恐惧下属超越自己。他们害怕能力出众、可以独当一面的下属会动摇自己的地位。

　　然而，面对能力日益增强甚至可能超越自己的下属，真正有能力的上司会感到由衷的高兴。他们知道，下属能力的提升是自己英明领导的结果。优秀的下属是他们引以为豪的资本。

会为下属的进步感到喜悦的上司，自然也明白比起责骂，对话交流才是与下属沟通的最好的方式。即便下属犯了错误，如上所述，与下属一同承担责任即可。那种诉诸言语暴力、否认交流的粗暴做法，其实正是有些上司不尊重下属的体现。

有些上司会经常回忆过去，声称是当初自己上司的严厉批评才让他们走到了今天。但这种说法并不准确，并非上司的批评促成了他们的成长，而是即使面对批评和责骂，他们仍然成长到了今天的水平。我想，肯定有人会因为无法与这样"优秀"的上司共事，就干脆离开了公司。

无须回应上司的被认可欲

如果你遭到上司的无端斥责，请不要因此感到沮丧或愤怒，因为这些情绪只会让他们如愿以偿。如果你为此难过，他们便可以借此证明自己的地位；如果你敢于反抗，他们也可以利用你的愤怒来彻底挑起争端，然后以斗争胜利者的姿态树立自己的权威。无论怎么选，对他们而言结果都是一样的。

那么，下属应该如何应对这样的上司呢？既然上司认为正常态度无法得到下属的尊重，下属其实只需保持正常的应对方式即可。

阿德勒认为，人与人的关系应该是平等的，不应有地位的差距。但在实际生活中，无论是动辄责骂下属的上司，还是畏惧上司的下属，显然都处于一种垂直的、等级分明的人际关系中，并依赖这种体系生存。

打破等级关系，平等地进行人际交往，这句话说起来容易，但很多人并不知道如何具体实施。对于上面描述的上司来说，平等的关系无疑会损害他们的既得利益；同时，他们也会担心在平等的关系中，自己的权威无法得到保障。

与上司构建平等关系

要建立与上司的平等关系，下属只需保持平常心，正常对待即可，不必小心翼翼、字斟句酌。当然，这并非意味着可以忽视礼节、态度轻率或省略敬语。关键在于，下属应当将上司视为工作的同伴。即使上司发怒，下属也不必心生畏惧，要认清那极端情绪的本质。

只要下属始终维持正常的态度对待上司，上司终将领悟到无须伪装、保持真我亦能赢得尊重。自然而然地，他们便不再会表现出霸道无理的一面。

如前所述，下属常渴望得到上司的认同。然而，一旦他们意识到上司同样渴望通过施展权威来获得认可，自然也不会再唯唯诺诺、小心谨慎。

当上司行为失当时，下属应直言不讳地指出。此时，认真的上司自然会接受下属的指责并做出改正。当然，有些上司可能会因此情绪失控，感到被冒犯。但即便如此，他们的愤怒更多是针对自身，而非提出意见者。所以，我们不能因此而选择沉默。

不要关注发言人是谁，要关注发言的内容

更确切地说，我们真正需要关注的是发言内容，而非发言人本身。无论上司、同事还是下属，只要他们的做法有问题，我们就要清楚明白地指出。同时，这种指责必须限定于指出错误，而绝不能将其演变为对他人人格的侮辱。

压抑自我、奉承上司并不是工作的内容，阿谀奉

承、溜须拍马、讨好上司也并不是下属的职责。与其为了满足上司的心理需求，一味地阿谀奉承，不如以正常态度对待上司，让上司无须从下属那里寻求自我价值。

贡献感是个人产生、个人所有的感受。一旦拥有贡献感，我们就不再需要向外界寻求认同，那种强烈的欲望也会随之平息。

作为上司，只要与下属共同努力，尽到上司责任，就能自然而然地产生贡献感。因此，上司的首要任务，还是认真工作。

我曾有一段购票经历。我需要购买往返的车票，行程十分复杂，要求指定座位，且上下车的站点也不同，行程中还需要换乘。然而让我感到意外的是，当时负责接待的职员只听了一遍后，就立刻为我准备好了车票。

此前，遇上同样复杂的行程时，对方总要我一遍遍地解释才能明白我的意思。所以当时的那位职员给我留下了深刻的印象。我依然记得，当那位职员利落地为我准备好车票时，他身旁的年轻职员一脸崇拜，而那位老练的职员对此只是淡淡地说了句"应该的"。我想，这就是下属对上司的尊敬吧。

在认真完成工作的同时，传授下属正确的工作方法，这是上司获得贡献感的最佳途径。只要拥有贡献感，他们就能从扭曲的被认可欲中解脱出来，也不会再有无理的怒火。

不要在工作中看人眼色

在职场中，工作始终是第一位的。如果一味地希望获得他人的认同，并为此付诸太多的时间、精力，那工作自然会变成痛苦的差事。虽说工作中免不了要与他人合作，但我们千万不能在这些事情上花费太多精力。**只要能顺利完成任务，我们自然就会获得一定的成就感，无须再刻意寻求他人的赞许。**

对上司来说亦是如此。如果上司无法克制自己的控制欲，自然只会培养出唯唯诺诺的"应声虫"。在这样不求有功但求无过的工作观念中，如何能培养出下属的创造力和勇气呢？

关于拒绝工作

很多人都不擅长拒绝，他们宁愿接受额外的工作以避免冲突和矛盾。然而，这种做法可能会让他人误以为他们容易欺负，继而提出更多的不合理要求。

有一点一定要明确：不存在双方都心平气和的拒绝。但凡是拒绝，肯定免不了冲突。

即便拒绝可能会引起对方的不快，但是也请记住，不回绝请求导致工作量增加，无法按时下班，实际损害的是自己的私人时间（private time）。"private"这个词来源于拉丁语中的"privare"，原本的意思是"剥夺、掠夺"，意味着私人时间必须要靠自己去夺取。

　　拒绝其实是有诀窍的，而且这个诀窍不仅在工作中有用，在生活中也同样重要，那就是不给理由。在拒绝时一旦提及拒绝的理由，对方肯定会抓住那个理由做文章。因此，简洁明了的拒绝往往效果更好。当然，这个方法在面对上司时，还是有一定局限性的。

　　不感兴趣的酒会就直接推掉。虽然上司可能会说这是增进彼此感情的好机会，但其实仔细想想，真的不一定要和同事把关系处得非常好。如果真的想邀请年轻人参加聚会，就应该展现出聚会的独特吸引力，而不是依赖职位来施压。

　　如果遇到真正感兴趣的工作，那就欣然接受吧。无论是接受还是拒绝，最重要的是听从内心的声音，做出自己的选择。当然，对于习惯了接受或拒绝的人来说，改变态度需要一定的勇气。但只要迈出第一步，后面的路就会变得更加顺畅。

上司要和下属沟通

在之前的讨论中，我们谈到了酒会的话题。有些上司可能会困惑，为何现在的年轻人对参加酒会不感兴趣？这实际上是因为上司没有向下属展示酒会的真正价值。如果上司在酒桌上只是不停地自夸过去的成就，年轻人又怎会对这样的活动感兴趣呢？

不仅在酒会上，面对其他情况也是如此。作为上司，当你希望下属执行某项任务时，应详细解释其原因。例如，如果你要求下属明天整理并提交资料，无论他们是否主动询问，你都应明确告知这一要求的原因。只提要求不讲原因的强硬作风，早就不适用于当今这个时代了。

现在的时代需要能改变职场的人。这个人，为什么不能是你呢？

第四章

怎样工作，才能过上幸福生活

第一章中已经讲过，只要能从工作中获得贡献感，我们就能从中认识到自己的价值。若长期无法实现这种价值认同，我们便会失去融入人际关系的勇气，从而无法得到幸福。

我认为，**人是为了得到幸福而生存的，不幸福的人生是没有意义的**。所以，本章将阐述为了获得幸福，我们应该采取什么样的工作方式。

工作的动力

工作的目的是什么呢？生存？养家糊口？单凭这些理由的话，想必我们很快便会厌倦工作。确实，养家糊口非常重要，所有这些理由只能说明，无论愿不愿意，人都必须要工作，所以这并不能成为真正激励我们工作的动力。我们必须要想清楚，工作对我们来说究竟意味着什么。

我在本书前面的章节中已经讲过，在阿德勒的理论中，"工作"只是人生三大课题的其中之一。在阿德勒看来，**"工作狂"式的生活方式其实是人生失衡的反映**。

我们必须要保持三大课题的彼此平衡、和谐，不能只过分注重其中之一而忽视其他二者。但是，这里所说的平衡与和谐，可不是平均分配时间和空间那么简单。

和谐的人生

这世上的工作狂们，大多是整日忙于工作而无暇顾及工作之外事物的一副形象。这种生活方式总免不了被旁人指责，他们本人可能也会对自己的状态感到苦恼。这就是"工作"这一课题被过分强调的一种表现。

阿德勒认为，这种状态是不和谐的。人生的三大课题本应该是平等的，并没有重要与否的差别。

工作狂常常无条件地将工作置于首位，其他所有事情都必须为工作让路。这看似是因为工作繁重而做出的无奈选择，但事实恰恰相反。他们选择这种生活方式，其实是为了逃避其他问题，"工作"只是他们为自己找的借口。

那么，只要不逃避工作，保持与人交往就够了吗？也不是。有很多人选择了"爱"作为自己人生的基调，对他们来说，只要两人能彼此相爱，工作与朋友都不重要。表面上看，他们的感情可能日益加深，但实质上却是两人正在逐渐被社会孤立。

无论是工作狂还是恋爱至上主义者，他们都为了实现自己心中的目标而放弃了其他自认为无关的事物。更准确地说，他们将工作或爱情视为人生的终极目标，并因此放弃了人生的其他可能性。

优先解决一个课题

阿德勒在倡导和谐生活的同时，也提到在必要时可以优先处理一个课题。对此，他引用了一个哲学家的例子。

"当哲学家希望尽快完成某项工作时，他可能无法像普通人那样规律地饮食和作息。为了整理和阐述自己的观点，整理文章，他必须长时间独处。等到哲学家完成这项工作后，他会重新开始与社会接触，并借此获得一定的成长。这种与社会的'接触'，在哲学家的成长生涯中十分重要。"

我读到这一章时，想到了柏拉图的"洞穴之喻"。假如人们生来就被捆绑、束缚在洞穴中，手脚和脖子都不能移动，只能看到火光映照下物体的影子，自然会将那影子视为事物的本体。某一天，当束缚被解开，他们第一次看到真实的火光时，可能会感到眩晕，但他们很快就会意识到，影子并不是事物的本体。哲学家认识到了真实，却无法在理想的世界中停留。从理论上来说，哲学家如果能够认识到真实，便应该会就此满足。凡尘俗世的种种事物理应无法再牵动他的思绪。

用阿德勒的理论来解释，就是当哲学家专注于思考时，他会暂时忘记思考以外的一切。但一旦领悟到"真实"，他就应该回到"交友"的课题，重新与社会建立联系。

哲学家的思考是一个很好的例子。如果我们真的遇上特殊的情况，也可以暂缓其他的课题，先集中精力解决其中一个课题。这和学生考前复习是一个道理。

如果要实现真正的和谐，就必须先想好工作在人生中究竟处在什么地位。工作是必须的吗？不同工作间的价值有区别吗？工作对人生而言究竟意味着什么呢？

奖惩教育下的竞争

我们时常会看到，明明是在一个家庭里长大的兄弟姐妹，彼此的性格却截然不同。

兄弟姐妹间的性格差异，大多源自其父母的奖惩教育。在这种教育方式下，孩子们之间不可避免地会产生竞争。由于孩子们天生渴望得到父母的关注，他们会通过各种方式来争取这份关爱。最初，孩子们可能会努力成为"好孩子"，通过认真学习等行为来赢得父母的赞许。

然而，学习之路并非坦途，随着学习难度的增加，成绩出现波动也在所难免。一旦孩子们发现，面对家长的责备，自己无法通过原有的方式获得赞扬，他们的学习态度就可能发生剧烈变化。性格较为激进的孩子可能会变得好斗滋事，而性格较为内向的孩子则可能选择回避社交，甚至有可能出现精神健康问题。

归根结底，过度渴望父母的关注本身就反映了一种问题。渴望父母的关注，意味着孩子无法建立自我价值认同，只能向外渴求。他们只能通过父母的夸奖与斥责来判断自己的行为正确与否。

所以，如果父母认为孩子要好好学习，孩子就会朝着这个方向努力。如果孩子擅长学习那自然没什么问题；但如果孩子无法通过这种方式获得赞扬，他们可能会转而寻求父母的责备，以此来获得关注。

这种情况其实在职场中也很常见。围绕上司的表扬与批评，员工之间往往也会出现激烈的竞争。自小生活在奖惩教育下的人，即便长大成年，也依然会为获取关注而与他人进行竞争。

如果下属有能力在工作上取得成果，并因此得到上司的夸奖，他们可能会继续使用这种方式来吸引关注。但如我们第三章所讲的那样，如果无法用正常的手段得到上司的关注，那下属就很有可能会故意惹出一些事端，以吸引上司的责骂。无端缺勤与不断重复错误，都属于此类心理的外在表现。

竞争有害精神健康

想改变自己的现状，这个想法本身没有什么问题。仔细想来，其实人生中只有三类事情——"能做的""想做的""必须做的"。事实上，我们能做的事情必然都在自己的能力范围之内，所以无论面对什么，我们只要坚守本心，尽最大努力即可。

然而，我们有时想要的是彻底转变自己的状态。

生病的人会为了摆脱负面状态（疾病）而尽可能地养生、复健，希望能尽快恢复正常（健康）。哪怕面对几乎无法治愈的重病，也鲜少有人会放弃努力。

但这种努力绝不应与竞争挂钩。一旦开始引入竞争，原本的努力就可能变质，从而带来不必要的麻烦。**陷入竞争的人，败者自不用说，哪怕是赢家也不敢放松，总会忧心下一场竞争的胜败，所有人都没有喘息的机会。因此，竞争是危害精神健康的最大要因。**

在职场中也是一样，凡是参与竞争的人，都会为了取胜而不择手段。甚至在失败时他们也可能会选择掩饰。

更重要的是，工作的顺利进行需要团队合作。但对于陷入竞争的人来说，"合作"这一概念可能根本不存在。没有这一概念，合作自然无从谈起。

只要组织中仍有萌发竞争的土壤，这个组织就依然是病态的、不正常的。即便暂时解决了一个下属的问题，由于竞争仍未停歇，很快就会有下一个问题出现。所以，首先要做的必然是根除"竞争"这一现象。

在如今的社会，竞争是一种被广泛认可的行为。比如孩子们从小就被教导要与人竞争，要尽可能地战胜对手，来赢取进入名校学习、进入知名企业工作的机会。

可能有人会说，当今的社会哪里没有竞争呢？可是，广泛存在，也并不意味着竞争就是正确的。

我并不认为入学考试之类的事情是一种竞争。举个例子，并不是所有人都有能力进入自己心仪的大学，所以在形式上，人们都要接受校方的选拔。真正理解这一点的人，会明白考试真正考验的是什么，而不会将其视为与他人的竞争。

退出竞争

其实，对手的存在本身也没有问题，甚至可以说，对手也是一种激励自己的力量。然而，一旦将对手置于竞争的语境中时，情况就截然不同了。

阿德勒将想要摆脱现在的状态、进入新状态的这种心理称为"追求优越"。例如在健康的"追求优越"中，患者追求康复，并不涉及与他人的竞争。

说到"追求优越"，可能会给人一种自下而上、攀登高峰的感觉，但实际上，阿德勒所论述的这种行为，本质上更类似于在平原上的稳步前行。在"追求优越"的过程中，有人走得快，有人走得慢。这种脚踏实地、一步一步接近目标的行为，才是"追求优越"的本质的体现。

在前进的道路上，并不是所有人都走在同一条路上，彼此的速度也各有不同。但不论步伐如何，只要持续向前，就是在践行"追求优越"。

这并非竞争，而是一种自我超越的旅程。我们如果把人际关系看作一种竞争，那就永远都无法摆脱人际关系中的种种苦恼。唯有离开竞争的旋涡，心灵才能得到真正的宁静。那些始终深陷竞争泥潭的人，恐怕早已迷失了自我，沦为欲望的囚徒。

把握核心问题

《大汉和辞典》的作者诸桥辙次生来体弱，但他却十分长寿。曾经有人询问过他长寿的秘诀，而他回答道："因为我不讲人情。"

与之相对的是江户时期有名的兰学医生绪方洪庵。他在准备将余生奉献给培育后辈的时候，受到了幕府的征辟。即便他以年老体弱为由多番推辞，最终还是无奈接受了这份工作。或许是因此受到了影响，他心力交瘁，在那之后一年便去世了，年仅54岁。

纪田顺一郎举了以上两人的例子，并评论道：

"即使牺牲家人的幸福，也绝不妥协于人情。日本此前，少有能这样坚持主见的人。"然而即便在当今年代，这样的人依然是少数。

美术家筱田桃红声称："人活百岁，百无禁忌。"我都活了100多年了，难道到了这个岁数，还要被人"押"着去出席社交场合吗？我觉得这句话很有意思。我也不太喜欢社交活动，但每次缺席都需提前告知，确实令人头疼。我期望能随心所欲地决定是否参加，心情好时与大家同乐，心情不好时则无须解释为何缺席。

如果每个人都能持这种态度，那人们就不必再为失约而烦恼了。人们到了我这个年纪，总是不得不面对亲人朋友的死讯。只是，人们出席亲朋的葬礼，究竟是为了悼念故人，还是因为如果不参加的话，面子上过不去，害怕招来批评呢？如果只是为了悼念故人，那么在哪里做不了呢？

当然，如果真心想去，那就顺应心意。有些人常常纠结于是否应该探望患者。随着医学进步，许多曾经的绝症都有了治愈的可能，因此医院也不再对患者隐瞒真相，但具体情况通常不会通知朋友。

"万一我专门跑去探病，反而让他误会了自己的病情该怎么办？"

对此我的回答是："重点不应该是你想不想去探病吗？"

如果无论如何都忧心朋友的现状的话，直接去探病就好。

谈到这里，我不禁想到从前我住院时的情形。如果朋友来探望我是因为担心我的身体状况，我自然会十分感动。但是如果朋友来看我只是因为他最近比较闲，那我便无法感受到真正的喜悦。

我们必须要明确，究竟什么是最重要的。经历了长崎事件的作家林京子女士写过这样一则趣事。过去，她受邀参加同学会时，因为没有合适的衣服，所以原本不打算参加。而她的前夫则表示："你到底是去见朋友的还是去炫耀衣服的？"

"我想见朋友。"

"那就抓住核心意义，其他都不重要。"

这个思维方式影响了她的一生。福岛事件后，林女士严厉地批判了不作为的政府。她呼吁道："到底什么才是最重要的？难道不是生命吗？""不珍爱生命，就是说明有比生命更珍贵的事物。"

哪里会有比生命更珍贵的事物呢？

同样，在工作中，我们也要把握最核心的意义。

自己来定义什么是"核心"

工作，并非是与他人的竞赛。一旦领悟了这一点，你就将不再受他人举动的干扰，也不会因他人的评价而忧心忡忡。这就是已经掌握了"核心"的真谛。

比方说，与医疗相关的工作，其主要目的是挽救患者的生命，或是帮助患者恢复健康。因此，从事医疗行业就意味着要把患者的利益放在第一位。

我住院时常常睡不好。尽管早已过了熄灯时间，我依旧辗转反侧。由于工作的性质，我习惯了熬夜，而医院的熄灯时间又过早，九点前入睡对我来说，实在是难以适应。所以说，我入睡困难，倒也不全是生物钟的问题。

每当夜深人静，护士巡诊时，我总会有些心虚，唯恐受到她们的责备。虽然可以假装入睡，但这毕竟不是长久之计。

某日深夜，一位巡视的护士察觉到我并未入眠，轻声问道："是睡不着吗？"她的声音里，没有丝毫责备或批评的意味。那一刻，我心中涌起一股暖流，被这份深切的关怀包围着，我很快便进入了甜美的梦乡。

我并非故意不入睡，倘若护士以规定来强迫我，我定会心生不满。而她的处理方式，恰到好处。若将医院规章放在首位，她定会对我这样的"违规行为"

严加指责。但她并未如此，因为她深知，护士的职责在于重视患者的身心健康，而非死守规矩。

还有一件发生在我住院时的事情。当时，我经常会去护士站找人帮忙。几乎我每次去护士站，里面的医生、护士都是一个姿态，所有人都在心无旁骛地敲键盘。就算我走到他们跟前，也没有人抬头看我一眼。

虽说确实可能是他们工作繁忙，没注意到有人过来，但依我看，不过是因为如果注意到有人来访，他们可能就得放下手中紧要的工作，来处理我的事情。他们无非是不想在我身上花费太多时间。

作为护士站的医护人员，接受患者和家属的咨询是其职责所在。如果他们能提前做好安排，做好接待准备，或许就不会有这种不耐烦的态度了。患者前来咨询，往往只是生活中的小事。即便有人忙于工作未曾察觉，但只要看到，顺手帮忙解决，不也是一种方法吗？

这样的工作，虽说可能听不到患者或家属的感谢，但一定能让人产生贡献感。

所以，我每次前往护士站时，看到医护人员全神贯注地盯着屏幕，我总会客气地打招呼："劳驾——"

我通常不会特定找某位医生或护士。在护士站里，任何一位医护人员都能为我解答疑惑。只是我这样的客气询问，往往得不到及时的回应。

"责任"在英语中是"responsibility"，回应呼唤，其实才是"责任"这个词的原意。医生与护士的责任理应是回应患者的呼唤。从这个角度来看，这种对患者的请求视而不见、自顾自地盯着显示器的行为，无疑是极大的失职。

无须在意他人的目光

当然，如果我们总是无视他人的看法，自行其是，那么与他人的冲突摩擦便难以避免。但只要把握住问题的核心，我们就不会迷失方向。

作为医疗工作者，自然应该将患者和家属的需求置于首位，即便要牺牲个人时间，也应当为患者排忧解难。然而，当有人真正实践这一理念时，患者和家属往往也会对其他医护人员抱有相同的期待。这样一来，个人的行为可能也会给同事带来额外的压力。

这种行为很有可能会招致同事的非议。不过，这不意味着此人的行为有错，相反，有错的恰恰是批判这种行为的人。无论如何，此时对这个人的同事来说，只有两个选择：要么为了赢得患者的好感而尽可能地帮助他们，要么保持原有的工作方式，但可能招致患者的不满。

我住院的时候，遇到了一位刚毕业不久的护士。每当他负责的患者出院时，他都会给那位患者写一封信。听说这件事后没多久，就在我出院的时候，我也收到了我的责任护士写的信。这份心意确实令我感动，但同时我也隐隐有些担忧，担心上述的推测会成真。对患者而言，人们当然会喜欢这样细致妥帖的用心；可对护士来说，并不是所有人都能做到这样的事情。

某年夏天，受台风影响，我老家的房子被水淹了。在我还小的时候，也经历过几次这样的水灾。但后来的几十年间，虽说台风过境不算少见，但从来没受过这样的水灾。虽然台风已经离开，但台风所带来的负面影响却留存了很久，给我的生活平添了许多负担。那一年，我受到了极大的打击。

想要得到政府的援助，首先必须要拿到政府发放的受灾证明。所以我利用工作与收拾的空隙，专门跑了一趟市政府。但是，职员却说这个证明无法当日发放。我已经为了申请文件请了一次假，如今却还要再跑一趟。这个结果我实在无法接受，于是便和职员争辩了起来。

那位年轻的职员听完我的诉求后，对我说："我来想想办法。"

随后他便回去与上司交涉了。没过多久，职员便拿着我要的文件走了出来。我虽然不知道那位职员具体是怎么和上司交涉的，但大约是劝说上司不要太死板，要灵活应对一类的话术吧。其实，当天发放证明对工作人员来说必然也有一定的益处，我也不用为此多费精力。

如果用职场的规则来分析这件事，也许那个职员会被批判不应该擅作主张、首开先例。但是，特殊情况时就要用特殊方式，有时也不能太执着于遵守规则。

在真正遇到特殊情况时，如果你坚信自己的做法是正确的，那么就**不必在意他人的看法**。坚定地贯彻自己的主张，昂首挺胸地前行吧。

如何正确对待失败

新手由于知识和经验的欠缺，犯错在所难免。然而，有些行业对错误的容忍度极低，比如医护行业。

医生或护士的一个小错误，都可能对患者的生命造成威胁。

尽管如此，人非圣贤，孰能无过。在第三章中，我们已经深入探讨了失败后的责任归属问题。现在，我们将聚焦于如何面对失败，以及为何有时人们会选择逃避责任。

某天，有位护士在为患者准备点滴时出现了疏漏，错拿了别的患者的药品。患者很快注意到了这一点并及时出言提醒，才避免了医疗事故的发生。但假如患者当时没有注意到这个问题，那后果可能不堪设想。

收到提醒的护士及时道歉，并立刻拿来了正确的药物。虽然患者当时并未太过在意，但不久后，患者的妻子听闻此事十分生气，向护士长提出严肃的抗议，那位护士也被叫回医院接受批评。

这个事件暴露了两个问题。

首先，护士有责任及时上报此类事故。虽说在本案中，护士的隐瞒未必是出于故意，但也有可能是医护人员有意隐瞒，甚至有可能是伙同整个组织一同隐瞒事实。

电视上常有一些新闻，某些企业的上司为了自家公司的丑闻低头谢罪。但在我来看，他们的道歉与其说是了解事情经过后的真心悔过，不如说更像是由于无法继续隐瞒事实、不得已而采取的一种手段。

我认为，这种心态是奖惩教育的一大弊端。在斥责下长大的人，整日里想的都是该如何避免挨罚。所以如果上司每次都严厉地责怪下属，那下属只会日渐感到恐惧，从而选择隐瞒自己的错误。

正如前文所说，上司应当采取适当的方式教导下属，避免下属反复在一个问题上出错。在教导过程中，上司还应保持冷静，客观传达具体内容，避免情绪化。

如果有人向自己举报下属的失误，那作为上司，就必须与下属一同向对方道歉，绝不能反过来站在对方的立场上批评下属。本书前文中也叙述过，下属的错误必然也有上司的责任，保护下属也是上司的工作之一。如果上司选择明哲保身，甚至站在对方（学校中的家长、公司中的客户）那边批评下属的话，下属将难以立足，甚至可能失去继续工作的动力。

在上文的案例中，其实护士只要在打点滴前先确认患者的全名，就可以避免发生医疗事故。那时我的责任护士就很专业，每次打点滴前，都会确认我的全名。这种专业素养使他不会遗漏任何一个看似微小却至关重要的环节。

在我父亲住院时，负责为他换针的护士是个才毕业没多久的新人。为了预防感染，护士需要定时更换患者身上的针头。当时我父亲年事已高，为这样的老年人更换针头绝不是个容易的活计，哪怕是经年的老手可能也会失误。

某次我去探望父亲时，正好碰上了护士在给他换针。当时我看见护士的表情逐渐凝重，不由得开始提心吊胆。

护士忽然大声地说："对不起，我做不到。"

父亲晚年时，脾气变得很不好，此前还就治疗方案和医生大吵了几架。但当他看到护士的困境时，却以平和、豁达的态度安慰她。这一幕让我深感欣慰。

所有人都想尽可能地避免失败。但其实更重要的是，我们该如何坦诚地面对失败，承担责任。

无须过度恐惧失败

还有一点，如果一个人过分恐惧失败，或者更确切地说，恐惧失败后可能遭受的批评，那么他就很难点燃对工作的热情，更别提发挥个人的创造力。虽然那些害怕犯错的人在工作上不会出现太大的错误，但这份过度的恐惧也会束缚他们的创造力。

当整个组织都笼罩在对失败的恐惧之下时，组织的作风就会趋于保守。在这种情况下，那些无惧失败、勇于实践与创新的年轻人就显得尤为重要。

对失败的恐惧往往使人陷入进退两难的境地。这些人常常沉迷于"如果……就能……"的遐想之中。诸如"如果能找到新的工作""如果孩子们快点儿长大""如果能早日康复"……然而，他们并不是真心期待这些"如果"成真。只要还在可能性的问题上犹豫不决，他们就永远鼓不起迎接挑战的勇气。

用阿德勒的话来说，"如果"是用来逃避难题的"唯一一个确实可行"的方法。人们其实很难从成功中学到什么。因为任何一次失败都有可能成为致命的打击，所以所有人都想尽可能地避免失败。失败，才是我们最好的老师，所以我们必须有为失败负责的觉悟，不怕失败、勇往直前。

不把结果归咎于运气

有一回，我从某位出租车司机那里听到了这样一番话。

"我本不该说这样的话，但是，把乘客送到目的地并不算是我的'工作'，我真正的工作其实是'接客'。从送完上一个乘客到接到下一个乘客的这段时间，才是我真正的工作时间。这段时间我绝不能马虎，不能漫无目的地闲逛，而是要不断搜集信息，思考如何更有效地接到客人。这十年来，我一直保持这个工作理念，这个方法甚至给我的职业生涯带来了巨大的变化。如果一个人整天念叨自己运气不好，把接不到客人归咎于运气，是无法长期从事这个工作的。

"如果一个人真以为自己接不到客人是因为运气不好，那么他就无法真正意识到，其实自己可以主动改变现状。事实上，与我同期的司机中，甚至有人把电脑装在车上，记录每天接客的时间、地点，以及客户的年龄段和职业，并将这些数据输入数据库进行分析。"

对职场中的一些事情产生疑问

很少有人能信誓旦旦地说自己的职场环境完美无缺。即便我们可能一开始意识不到，但随着熟悉程度加深，自然会慢慢地发现很多问题。

我在住院期间，曾听到一位护士分享了她的故事。

"我小时候很黏我爷爷，读中学时，爷爷住院了。但我去探望他时，却发现爷爷头发蓬乱、胡子拉碴。护士们对他的照料显然不够细致，所以我就每天都去医院，亲自为爷爷擦洗身子。"

"你是受了这件事的启发，才决定做护士的吗？"

"嗯，我觉得患者们就算住院了，肯定也想维持自己的尊严。哪怕是专业的护士，如果不能感同身受，也难免会有所疏忽。"

一个人如果不摒弃护士这一旁观者的视角，真正站在患者的角度思考生病以及住院治疗究竟意味着什么的话，就永远无法成为一名出色的护士。

受到祖父住院经历的启发，这位护士开始思考，对患者而言，究竟什么是最重要的。她发现医院在这方面存在不足，于是毅然投身其中，希望自此从零开始，为患者提供应有的人文关怀。这样的决心与毅力，令我深感震撼。

当然，她能有这样的决心，也许是因为她还未经历过社会的残酷。对患者来说，住院并不只是为了接受治疗。由于疾病的侵袭，住院生活大多充满了各式各样的痛苦。如果有得选，谁又不想活得轻松一些呢？

我住院时由于无法洗澡，所以在很长的一段时间里，都只能拜托护士为我擦拭身体。每到这时，那位护士还会额外给我泡脚。由于别的护士的护理流程都没有这一环，所以我想这应该是他的独特的关怀方式。我猜想，这样的举动可能会引来职场非议，就像那位给出院患者写信的年轻护士一样。

我想住过院的朋友应该都有过这样的经历，明明按了呼叫铃，那边也确实说了"立刻就来"，我们却还是要等上许久才能见到人来。可能护士口中的"立刻"与普通人认知中的"立刻"不是一回事吧。

那位会给我泡脚的护士在每天早上巡诊的时候，都会顺便告诉我他今天的时间安排。比如说，他会告诉我今天几点做清洗，那我就会在快到时间的时候去房间里等待。如果有了突发事件，预计可能会迟到的话，他也会专门跑来通知我。

虽说如果真到了无比繁忙的时候，我们可能也不会有这样的闲工夫；但是，在面对忙碌的工作时，我们为何不能先暂缓投降认输的念头，首先想想自己应该做什么、能做什么呢？如果能想到这一点，那就完全有可能改变现状。

你可以调整自己的目标

在第一章中，我们曾讨论过关于跳槽的话题。尽管工作是自己选择的，但我们无须将自己局限于某一特定工作中。我们虽然可以给自己设定目标，但是未来是无法预知的，如果真的遇上了始料未及的事态，那我们完全可以换个目标继续努力。

如果发现自己其实走的是条死路，那我们完全可以扭头换条路重新走。**如果前路漫漫毫无希望，我们也不用非要去挑战不可能；如果难题只是暂时的，我们也不必立刻就放弃。不撞南墙不回头的倔强，其实只是对自己人生的浪费。**

当然，许多人坚信做事应有始有终。"靡不有初，鲜克有终。"能持续不断地做完一件事自然是了不起的，但持续不断地受苦受难可算不上是明智之举。我们辞去不合适的工作，意味着这份工作将有机会流转到更适合的人手上。

在我母亲因脑梗死住院期间，我陪在她身边，整日思考着人生价值等深刻问题。我曾以为，若像母亲一样身患重病、卧床不起，我便会失去价值。因此，我开始思考如何保持自己的"价值"。当时我还在学哲学，虽说已经隐隐想见自己的未来应当与金钱无缘，但我还是对未来抱有一丝稚嫩而不切实际的幻想。我潜意识中认为，自己将来应当会成为大学教授。当时的我，还未抛弃虚荣心。

然而，在照顾母亲的过程中，我逐渐认识到虚荣心的虚无。母亲去世后半年，我重新回到了学校，此时的我已经与之前判若两人。我人生的轨道，也是从那时开始偏离。

改变目标需要一定的勇气

那段守在母亲病床前的经历让我意识到，我并不适合成为那种满口专业术语、只在某个小圈子里发表学术成果的研究者。当然，这只是我当时的主观臆断。事实上学术界从不乏功勋卓越的研究者，也有许多专家擅长使用简单易懂的语言，与诸多领域的研究者分享自己的研究成果。之前对研究者的种种揣测，其实只是我的一种偏见。

在那之后，我依然不知道研究者究竟意味着什么，只是按部就班地写论文、找工作。特别是有了孩子后，我才意识到孩子并不会完全按照父母的意愿成长，所以我又把太多的空余时间花在了孩子身上。就在那段时间里，我的朋友向我介绍了个体心理学的创始者，阿尔弗雷德·阿德勒。

朋友先是向我推荐了阿德勒的《儿童教育心理学》。读完这本著作后，我完全成了阿德勒思想的忠实拥趸，我坚信阿德勒就是我一直以来寻找的那种思想家。但是，我也怀有一丝忧虑，如果真的开始研究阿德勒，那不就浪费了我此前所学的哲学知识吗？

在母亲的病床前，我开始思考生命的意义是什么、幸福的本质又是什么。当时的我无法从哲学的历史中找到答案，于是我便向哲学本身求索。很快我发现，阿德勒思想的主题与我当年的思考不谋而合。我的哲学知识不仅没有浪费，反而成了我前进的助力。

此后，我撰写了多本面向大众的关于阿德勒思想的书籍，并多次在公众场合进行演讲。当年的许多忧虑与踌躇，如今早已烟消云散。

改变工作的内容

其实改变工作内容，并不意味着必须要跳槽，或是下决心做出巨大的改变。这个目标完全可以通过公司内部转岗实现。我曾听某位公务员朋友说过，哪怕是在政府内部，不同岗位之间的具体工作内容也是截然不同的。

当然，全新的工作内容就意味着要学习新的知识。是将这项学习的任务视作额外的负担，还是为有机会学到新的知识而感到开心，这正体现了人们对工作的不同态度。

即使不进行如此大幅度的调整，我们仍然可以改变自己的工作内容。我从事教育工作多年，虽然知识本身相对稳定，但每年面对的学生都不一样，因此我的教学方式也需要不断更新。

过去，有些老师会年复一年地按照讲义照本宣科。我也曾遇到过这样的老师，他们似乎并不关心学生是否能理解，只是机械地朗读讲义内容。这显然是不对的，因为过去的讲义可能并不完全适应现在的时代，教学方式也应与时俱进。

学生会认真记录老师在课堂上的每一句话和每一个动作。老师也会将讲义内容整理成论文发表，甚至可能出版成书。

没有人能够数十年如一日地重复做同样的工作。随着时间的推移，人们能够承担的工作种类和工作量必然会增加。无论是谁，随着熟练度的提升，都会比最初的自己更加能干。这种能力的提升并非源于简单的重复，而是因为我们在工作中在不断地改进和优化自己的工作方式。

无法从工作中得到乐趣

如果完全无法从工作中得到乐趣，那么或许你应该重新审视一下工作的真正意义。通常，如果你觉得工作乏味，可能是因为你对工作内容还不够熟悉，或者缺乏必要的知识、经验和技能。

如果是这种情况，你就应当更加努力地学习，积累相关经验。要想从工作中寻到乐趣，你就必须先熟练掌握这份工作。没有哪份工作一开始就能给人带来乐趣。

如果明明已经对工作得心应手，却还是觉得无趣，那可能是因为你无法从工作中获得贡献感，所以感受不到工作的乐趣。前文已经多次提及，当人们意识到自己的行为能够造福他人时，就能认识到自己的价值，从而找到自己选择工作的深层动因。

工作并不意味着要为他人牺牲自己，同时，工作也不仅仅是为给他人提供方便。但同样，工作也不是纯粹的利己行为，我们不能仅仅将其视为谋生的手段。

很多人虽然了解过"贡献感"这个词，但如果没有真正体会过这种感受的话，就无法真正理解这一概念。恰如夏虫不可语冰，蟪蛄不知春秋。

缺乏干劲

人们常常觉得，自己没有对工作的干劲。如前所述，如果我们未能全身心投入工作，或者没有找到最适合自己的工作方式，那么即使工作能力有所提升，我们对工作的热忱也可能会逐渐消退。

大多数情况下，没有干劲是一个伪命题。很多时候，所谓"没有干劲"只是主观上想要消极怠工的人给自己找的借口。

坦白来讲，真的不想工作的人，再怎样都不会有"干劲"。如果真的想要激发工作的热情，就必须先做好相应的准备。

首先，必须理解本书的核心命题——自己是为了什么而工作。如果选择的工作完全无法为他人创造价值，那么我们就无法长久地坚持下去。

其次，干劲不是"等"出来的。无论有没有动力，都要先做好准备。如果要做文字相关的工作，无论是写报告还是写论文，首先人得坐到电脑前面。哪怕毫无灵感，也得先写些东西，哪怕是与工作无关的东西也好。有时可能写着写着，灵感就找上门了。

虽然灵感是偶然的，可能会在不经意间降临，但我们如果长期置身于容易分心的环境中的话，就很有可能会失去工作的意愿。

如果用电脑工作的话，最好不要轻易关闭电源。

万一哪天突然不想工作，我们就很有可能在电脑开机前逃之夭夭。书本也是一样，最好是翻开后倒扣在桌上。

如果是着急要紧的工作，无论有没有干劲都必须尽快着手解决；但如果距离截止日尚早，那我们就有可能打着"没干劲"的幌子偷懒了。这种时候，最好是强制自己在电脑前坐上一段时间，无论多久，总能有点儿效果。

不要被动地失去激情

谈到对工作的态度，人们经常会用到"兴味索然"这样的词。即便一开始充满热情与憧憬，但随着新鲜感的流失，人们也慢慢地就会觉得每一天都只是对昨日的重复，毫无趣味可言。渐渐地，人们便拿不出什么显赫的成果，工作态度变得消极，不求有功但求无过。

如果此时刚巧受到上司的批评与斥责，人们便有可能流失掉对工作的最后一点儿激情，一路消沉到底。

这种情况其实算不上是被"拿走"了激情。本质上这只是人们在借题发挥，故意找个由头生事，好名正言顺地偷懒罢了。

对工作失去激情的人，很有可能也无法在生活中找到什么乐趣。如果只是对工作有情绪，对工作之外的生活依然有激情的话，情况就还不算太糟糕。当我听到年轻人也在讨论这类话题时，我确实感到有些震惊。

持有"生活如同一潭死水，每天都是昨天的翻版"这样消极观念的人，往往并不是因为生活中没有新鲜事物，而是因为他们即使遇到了新鲜事物也会视而不见。

为了避免真正陷入这种境地，我们有必要重新审视自己的生活方式。

珍视那些转瞬即逝的美好

如果我们要外出游玩，从踏出家门的那一刻起，便进入了"旅行模式"。在这个时候，即使是平日里通勤路上司空见惯的风景，此刻也显得格外新鲜，而目的地的美景则更是令人心驰神往。

其实，这样的体验并非只能在旅途中获得。曾经有一次，我在乘坐电车时，透过车窗目睹了夕阳的余晖。这样的美景可遇而不可求，天气、时间，甚至座位的朝向，任何一个因素的偏差都可能让我与它失之交臂。

当这些巧合汇合到一起，天边出现金乌西沉的壮丽景象时，我内心的喜悦难以言表。遗憾的是，车厢内的其他人对此却无动于衷，他们或沉睡、或沉迷于手机的世界中。我们如果能注意到生活中这样的小惊喜，又怎么会对生活失去新鲜感呢？

在职场中，我们每天都会遇到形形色色的人。即使是那些朝夕相处的同事，他们每一天也与昨日不同，都是崭新的。同样，我们自己也在不断变化，不再是昨日的自己。虽然"我今天是第一次见到他"这样的说法听起来有些夸张，但只要我们认识到每个人都是独一无二的，就不会再纠结于过去的矛盾和纷争。

人总是在不断地成长和变化的。当我们意识到这一点时，就会发现工作绝对不是一成不变的枯燥重复。

明日不是今日的延续

今日是昨日的延续，明日也是今日的延续。一旦持有此错误观念，人们便难以步入正确轨道。人们往往将发生特殊事件（如出游等）的日子视为特别之日。但实际上，我们的每一天都是特别的一天。

我曾听闻，有些年轻人因为恐惧未来 40 余年千篇一律的生活而选择自杀。在这个日新月异、年年都有变化的时代中能有这样的错觉，只可能是因为这些年轻人真的将明日视作了今日的延续。

当然，如果每一个明天都是完全不可知、不可预料的话，人们也无法安心生活。没有人能保证自己不会遇上地震、海啸之类的灾害，更无法预知这些灾害是否会摧毁现有的生活。

若每日都活在对灾难的恐惧之中，幸福自然无从谈起。然而，我们的社会也并未富裕到能让每个人都过上安稳无忧的生活。

我曾被一些年轻人的人生规划震惊。在那些才上中学的孩子的"人生计划"中，包括了将来上哪所高中、哪所大学、毕业后要进入哪家公司工作，甚至连几岁结婚、生几个孩子、几岁买房都列入了那份清单中。

这些孩子认为将来的人生是可以预测的，因此才制定了如此详尽的规划。他们似乎完全没有想过，人其实并不能活成自己理想中的样子，这是最令我感到吃惊的地方。

然而，在我上高中的时候，其实也做过类似的清单。按照清单的内容，40多岁的我应当成了大学的助理教授，但实际上那时我正在某家私人精神医院工作。受母亲早逝等多重因素的影响，我的人生轨迹发生了意想不到的变化。

此时我忽然想起了第一章曾举过的例子，那名直到就业时才经受挫折的年轻人。擅长学习、成绩优秀、身体健康、姿容端庄等，这些东西曾赋予了那位年轻人极大的自信。所以，他才会天真地以为未来的人生一定会一帆风顺。

会有这样的想法，一方面是因为他有着无与伦比的自信，另一方面恐怕也是因为他此前的所见所闻实在不多。他的经历，就如同在昏暗的房间中点燃蜡烛，只能看到有限的光影；而若打开明亮的灯光，则能见识更广阔的世界。

怀疑明日的到来

我们只要多少经历过一些人生的挫折，就不会以为人真的可以预见未来。我年少时曾多次落榜。如果20多岁时落榜的话，即便此后还有考试的机会，也到底不能像十几岁的时候一样没心没肺，只想着落榜了就明年再考。然而若说放弃考试换一条路走，我又确实不知道还能做些什么，于是每一日都活在焦灼的痛苦中。有了这样的经历后，我便不再幻想能够预测人生的走向。

对于患者来说，这种感受更为深刻。对他们而言，今天过去就是明天，这样简单的道理也变得不再那么确定。我因心肌梗死住院的时候，由于夜晚无法安眠，所以医生为我开了助眠的药剂。每次服药时，我都会担忧自己明日是否还能醒来。时至今日，那种感觉依然刻骨铭心。

住院初期，我对明天充满了消极的怀疑。但不久后，某些事情让我开始以更积极的态度面对这种怀疑（具体细节我稍后会揭晓）。虽然生病并非我所愿，如果可以的话，我宁愿永远不生病。但如果要说生病给我带来了什么益处、让我有何领悟，那便是它改变了我对时间的看法，让我对时间的流逝有了全新的认识。

不是灵感，只是忍耐

我写作的时候，一开始都是毫无头绪的。因此，写作的第一步，往往便是沉思。若心中无数，笔下自然难以继续。我在杂志上连载文章的时候，每逢截稿日，都会无比紧张。

即便强迫自己坐在电脑前，脑海中也仍可能是一片空白。那时，我会看看书、走走神，或者干脆躺下休息。在这漫长的摸索中，我总会找到一个值得写的主题，然后投入写作。当然，我的文章质量时好时坏，这个过程倒更像是小女孩在花园中扑蝶，捉到哪些就算哪些。

而在写作的时候，如果我能保持日日笔耕不辍，有时甚至还能提前交稿。虽说只要有一个确定的截稿日，我自然会为了完成预定目标每日奋斗，但说实话，我也并非每次都能如期交稿。

无论如何，在开始落笔书写的时候，我是无法预计多久能写完的。就算再怎么努力，也不可能一两周内写完一本书。虽然无法预知写作周期，但只要锲而不舍地努力，日积月累，终将成书。

通常而言，我们要开始一项工作非常简单，但能坚持做完它却并不容易。

森有正说过这样一番话："人必须要学会忍受灰暗阴郁的日子。只有经过这样单调而痛苦的忍耐，才能发酵、结晶出真正有价值的事物。"

好的作品并非仅仅来自热情与灵感。这意味着，要完成作品，我们就必须坚强地忍耐下去。不是说有了灵感，就可以不费吹灰之力地创造出华丽的成果。明白这一点，我们就不会因为一时的困难而轻言放弃。

1912年1月的某一天，里尔克站在杜伊诺城堡的堤坝前，面向亚得里亚海沉思。狂风飞舞中，太阳照耀在泛着银边的碧蓝海面上。突然间，里尔克仿佛听到了一个声音。"即便我狂叫、大喊，也不会有天使愿意为我驻足。"回到房间后，里尔克写下了这句话，并随之写下了几句诗。傍晚时，他写完了这第一首哀歌。然而，当《杜伊诺哀歌》成书之时，距离那一天已经过去了十余年。

没有完不成的工作

比如翻译的工作，基本一开始就能预测出具体的工作时长。与写作不同，翻译这份工作，只要能切实地完成每日工作目标，便可算出大致的完成时间。然而，写作却不一样，即使我们每天都全力以赴，也不一定能如期完成工作目标。

这两年比较流行在演讲会结束后再加上一个签名的环节，每到这时，等待签名的人都会排出长长的队列。我一般不会特别注意队列的长度，毕竟就算知道有多少人在排队，我的工作也不会提前结束。签名桌上，左侧是我，右侧是听众。我的面前会有形形色色的人落座，而听众面前，始终只有我一个。因此，我会尽可能认真地与每位听众交流，并郑重地写下他们的名字。

我不会过多考虑后面还有多少本书需要签名，因为我相信，只要一本一本地签下去，总会迎来队伍的终点。工作也是如此，只要我们专注于手头的工作，就必定能够完成它。

何时开始着手工作

拉丁语中有一句谚语:"及时出手的人多会出手两次。"对于发送邮件的人来说,收到回复已是一种喜悦,而如果对方的回复还非常及时,那就更是喜上加喜了。

在工作上,我也会尽可能地避免拖延,但毕竟我也只是肉体凡胎,时常会分身乏术。

因此,最好在工作开始前就确定好任务的优先级。判断优先顺序固然很难,但比起在纠结应该先开始哪一项工作上浪费精力,还是有个具体的顺序更利于完成工作。

在进行排序时,要安排好优先度较低的工作的开始时间。我的一个工作小窍门是,一旦为某项工作设定了开始时间,在那一天到来之前,我就不会再去考虑与它相关的任何事情。

面对眼前不得不做,但实际又无力完成的事情,可以定下一个具体的开始时间。因为一旦有了明确的计划，就不会无谓地焦虑或自责。

然而，这并不意味着我们一旦设定了计划就必须一成不变地去完成它。与其为无法实现的目标而焦虑，不如设定一个开始的时间，至少在那一刻到来之前，你还能享受片刻的轻松。

当然，还有另一种观点。尽管我们无法同时处理所有工作，但实际上，我们也不太可能把一整天的时间都投入单一任务中。

也许确实有人无法同时阅读两本书，但这样的人是少数。即使我们同时阅读两本或三本书，进入大脑的知识也不会因此变得混乱。

工作也是同样的道理，同时完成多项工作并非不可能。对我来说，写作确实需要精神高度集中，无法一心二用。但当我感到疲劳或思路不畅时，换个主题写作也许能为我的原工作带来新的灵感。

一心不乱

我在自家附近租了一个工作室。一方面是因为书本越积越多，家里有些放不下，另一方面则是因为来采访的人也越来越多，我那间小书房已显得局促。

我工作时常常忘我，以至于忘记了时间的流逝，租房的初衷也是为了更好地平衡工作和生活。

然而，尽管我在外面租了工作室，每天回家时还是会带上我的电脑，回家后依然沉浸在工作中，这与我最初的愿望背道而驰。

说到底，工作并不是设定好时间就能按部就班进行的。这让我想起了一则故事。

研究意大利文学的须贺敦子女士当年在巴黎留学时，她的德国室友卡蒂娅无比醉心于埃迪特·施泰因的著作。施泰因是一位哲学家，她曾担任过胡塞尔的助手。但为了从纳粹手中保护犹太同胞，她毅然投身于教会，成了一名修女。随着纳粹对犹太人迫害的加剧，教会也受到了影响，虽然她逃到了荷兰的修道院中，但最终还是被秘密警察逮捕，葬身于奥斯维辛的毒气室。

作为犹太人，施泰因没有躲过死亡的命运。她去世后，她的著作才得以问世。而须贺的室友卡蒂娅则"整日埋头苦读那本厚厚的哲学书，读了一遍又一遍"。卡蒂娅比须贺大十二三岁，当时已经年近四十。战后，她放弃了原本公学教师的工作，重返大学深造。

卡蒂娅是这样说的。

"我想在巴黎待一段时间，宗教也好、哲学也好，我想知道，为了改变我的人生，我应当怎么做。我害怕如果我现在不想明白的话，这一生就这样草草结束了。"

我念书的时候非常勤奋，特别是刚开始读研究生，准备走学者的道路的时候，每周我都会读大量希腊语的资料。当时我在希腊语上花的时间比花在英语上的还要多，结果便是相较于英语，我的希腊语水平更高。

时至今日，我还是能回忆起当年翻阅厚重的希腊语词典，研读柏拉图与亚里士多德的著作时的光景。即便随着岁月流逝，我已看不太懂希腊语的文章，但我依然保持学习。因为我与须贺和卡蒂娅一样，害怕自己这一生就这样草草结束。

如前所述，我曾一度被世俗的时间观念束缚，投身于全职工作。然而，在工作中，我发现属于自己的时间越来越少。再加上身体状况欠佳，我最终决定辞去那份在精神病院的工作。

可能有人并不认同我这样的生活态度，但反过来讲，我这样的生活方式，怎么不算是"今朝有酒今朝醉"呢？

训练的日子

"持续写作"是作家让邦生的座右铭。从 1957 年 10 月到 1961 年 12 月，他一直住在巴黎，其间的生活点滴被详细记录在他的著作《巴黎手记》中，甚至连他抵达巴黎前一个多月的海上旅程也包含在内。

"如今，我已记不清是何时下定决心'持续写作'的了。对我而言，写作就像钢琴家弹奏钢琴一样，是理所当然的事情。我只是遵循了这个想法。"

让邦生毫无疑问是一位"写作狂"，他的妻子让佐保子这样形容他："仿佛片刻都无法离开文字。"

演奏家无论能否进行演奏，都会坚持练习。同样，作为作家，练习写作也是必不可少的。

但对让邦生来说，写作不仅仅是为了锤炼技艺。用里尔克的话来说，他怀有一种强烈的、近乎迫切的写作信念，从写作中他获得了极大的愉悦。

倘若没有这份热爱，写作便会成为一项苦差事，自然难以持久。

流逝的时间

如前文所述，我人生道路的转变，始于母亲病床前的思考。此前，我每日沉醉于文献中，终日与字典为伴。而后，我才开始将目光投向生活的其他方面。步入职场后，我发现学习的时间变得极其稀缺，即便在休息日做些翻译工作，也会受到上司的责备。

待办事项堆积如山，"没时间"成了我的口头禅。可是，无论有没有充足的时间，我其实都可以努力完成工作。即便进度可能不甚理想，但只要开始做了，也就不会在意有没有时间这种小事。

在那之后，我因心肌梗死被送进医院。幸运生还后，我下定决心，此后绝不浪费生命中的任何一天。

陀思妥耶夫斯基的小说《白痴》中有这样一个故事。早上五点，一名死刑犯在半梦半醒中被看守叫醒。他被监狱的形式主义迷惑，以为还有一周才到自己的行刑日期。

"怎么了？"

"九点行刑。"

男人不禁腹诽，这也太过匆忙，叫人如何受得了。

我被救护车送往医院，被诊断为心肌梗死时，也是这么想的。

当死刑犯意识到自己的生命仅剩下五分钟时，这短暂的时间突然变得无比珍贵，仿佛是一笔巨大的财富。于是，他开始规划这最后的五分钟。

他决定用两分钟与朋友告别，再用两分钟回顾自己的人生。而剩下的一分钟，他打算用来感受这个世界，再看一眼周围的风景。阳光从教堂的屋顶洒下，耀眼而温暖，他凝视着这片光芒。

随着死亡的逼近，他因心中不断闪现的一个念头而无比痛苦："如果我今天能活下去，如果我能逃过一劫，那将是多么美好的事情。那将是无尽的时光，仿佛永远没有尽头。如果我能够存活，我发誓再也不会浪费任何一秒钟。"

这个念头逐渐升华为强烈的愤怒，最后甚至变成了对尽快行刑的渴望。

然而，这个死刑犯的行刑最终被取消了。这位免于死刑的男人在他此后漫长的时间中做了什么呢？他并没有如先前所想的一般精心算计自己的时间，反倒是做了许多浪费时间的事。我在他对时间的态度上，感受到了一种出乎意料的真实。

瑞士的精神医生伊丽莎白·屈布勒－罗斯指出，许多侥幸逃脱死亡的人，往往会觉得如果当时就那么死去反而会更好。人生并非如电视剧般有着完美的结局，故事的结尾并不等同于人生的终点。

我出院后，也完全忘记了病中的誓言，浪费了不少时间。但能够过上这种无须斤斤计较、可以自由使用时间的生活，确实也算得上是一种幸福。

时间应有尽有

然而，有时没有好好算计时间似乎也算不上是浪费时间。此处我引用一句里尔克的诗句："夏天终归是会来的。但它只向着忍耐的人们走来。"

里尔克认为，在艺术创作中，最忌讳的就是急功近利，无论什么创作，必然都伴随着对完美作品的期待。

对此，森有正有着这样的理解。

"绝不能慌张。就像里尔克所说的那样，未来还有无限的时间。我们必须要保持冷静，只有这样才能创作出好的作品。"

佛教学者铃木大拙的经历给我们提供了一个生动的例证。他在晚年时，开始着手将亲鸾上人的《教行信证》译成英文。记录显示，他在 86 岁时开始接触这项翻译工作，90 岁时正式投入翻译，91 岁时便完成了全部六卷的初译。据说，他把除了吃饭以外的所有时间都奉献给了翻译。他给自己定下目标，每天至少翻译 10 页，如果完不成，就决不休息。

铃木的秘书冈村美穗子回忆，每次看到铃木先生工作的样子，她都会为他的高龄和工作量感到担忧，甚至有时还会为他的工作态度感到生气。

是什么力量在驱动着这位老者如此不懈努力呢？有一天，冈村终于忍不住提出了这个问题。

"老师，到底什么是您的本愿呢？"

铃木当即给出了最贴切的答案："看啊，美穗子，本愿就在这里。"

见到那份不断驱动着铃木大拙的"本愿"时，美穗子被惊讶得说不出话来。

"老师告诉我，本愿就是我们出生时伴随而来、推动我们成长的内在力量。当我们意识到它的存在时，就能真正感受到生命的喜悦。"

所谓本愿，就是驱使我们工作的动力，是我们无法反抗的力量。它所指引的方向，就是我们的"天职"所在。

我想，铃木在做翻译工作时，必然也认为"时间应有尽有"。

你是否全心投入工作了

里尔克与森有正都曾深入讨论过成熟与变化的话题，他们以树木的生长为喻，探讨了这些概念。用里尔克的话来讲，读书与作诗构成了"艺术家的生活"。在给年轻诗人卡普斯的信中，他这样写道："不能计算时间，年月没有意义，就是十年有时也等于虚无。艺术家，不能计、不能算，要像树木一样成熟，不勉强挤它的汁液，要满怀信心地立在春日的暴风雨中，也不担心后边的夏日没有来到。夏日终归是会来的。但它只向着忍耐的人们走来；他们在这里，好像永恒总在他们面前，无忧无虑地寂静而广大。"

让邦生表示，1957 年他停留在巴黎时，这段话给予了他莫大的鼓舞。当时，他突然无法理解美的含义，也不清楚自己为何会陷入这种状态，创作灵感全无。那段时间里，他不住地翻看托马斯·曼与马塞尔·普鲁斯特的作品。

"我看这些书，不是为了学习知识，更不是为了愉悦感官。我只是想利用这样学习的经验，来改变当下的自己。"

这样的变化是不能一蹴而就的。在那之后，在森有正的影响下，辻邦生开始读里尔克的作品。同时，他决定暂时停止小说练习，静待对美的感知的回归。

"读里尔克的诗，和独自漫步在巴黎的大街小巷有着同样的感受。"

当时辻所读的，正是前文所引用的那封信。

辻将这种感觉形容为"变容"，而森有正则选用了"变貌"和"经验"来描述。

森有正所描述的，是巴黎圣母院内新种下的菩提树的成长。即便看似寂静无声，即便无人在意，但成长一直在继续。塞纳河上运货的小船，看上去是如此的悠闲、缓慢，但不知不觉间，它便已划向了远方。

"巴黎圣母院内的树苗在不知不觉中长大，仿佛刚才还在眼前缓慢行驶的小船，也驶向了上游，消失在视线中。这一幕给我留下了深刻的印象，让我百看不厌。仿佛我身体中的某个部分，和这样的情景产生了共鸣。"

森认为这种"事物在时间中的运行"，或者说，这样的"变貌"是构成经验的最主要的要素。但是，如果就此安心，那宝贵的"经验"就会变为"体验"。所以人不能仅仅依赖经验来学习。如果以为有了经验就万事大吉，那只会重复上一代人的人生轨迹。

经验是不断变化的，即使没有任何外界影响，经验本身也会持续演变。与逐渐固化的"体验"不同，经验始终处于动态之中。

对里尔克而言，等待，就像是树木在看不到的地方，将汁液送达全身的过程。

根据辻的考证，里尔克的这一观点来源于罗丹。罗丹每次与人交谈时，都会在"Bonjour"（你好）之后问一句"Avez-vous bien travaillé?"，意思是："你全心投入工作了吗？"

罗丹几乎将生命都奉献给了创作。而里尔克的工作，却不都是肉眼可见的。辻对此做出了精准的叙述：对里尔克而言，工作是梦想，是写信，是在公园散步，是旅行，是在图书馆读书。

当时的辻一定对此感同身受吧！正如前文所说，辻在写作方面非常勤奋。他在巴黎暂住的时候，留下了大量的日记。想来对他而言，写日记一定也是工作的一种。对此，他是这样解释的："这并不会拓展我的知识范围，也不会让我收集到任何信息。这只是成熟，是变容，就像树的成长一样。"

知识本身不具有意义。只有当触及人的灵魂、改变人的人生时，知识才有意义。

"炫耀自己的博学多识，或用花哨的术语来'解释'作品，对艺术创作而言毫无意义。对艺术家来说，真正重要的是创造作品和不断成长。而这两件事都只能在沉默中完成。"

罗丹一生奉行的原则是，**"工作就是休息"**。里尔克认为，是"生命"（la vie）在促使他不断工作。生命存在于世间的万事万物之中，并赋予它们无尽的喜悦。"la vie"同样也有"生活下去"的意思。工作就是生活，生活就是工作。只要意识到这一点，我们就不会再拘泥于具体的工作形式。

最好的遗物

思想家内村鉴三在他的著作《最好的遗物》中直言，人们应当在离开这个世界前，留下对这个世界的爱的证明，应当尽可能地把世界改造得比自己出生前更好一点儿。在人生的终点，要留下什么、能留下什么，可能会因人而异。

在遗物的选择上，内村首先举出了"金钱"的例子。虽然不是所有人都能留下财产，作为遗物而言，"金钱"也算不上是最普遍的选择。但内村并没有否定赚钱这件事本身。

"赚钱这件事，其实与其他的职业一样，是一些人的天职。"

在此处，内村使用了"天职"这个词。

内村认为，赚钱与其他的职业没有什么不同，都是人们的某种"天职"。

内村并不刻意贬低金钱，但是，相比于赚钱本身，内村其实更加关注赚钱的目的。

对此，内村举了美国金融家杰伊·古尔德的例子。古尔德一生中害死了他的四名亲友，使多家公司倒闭破产，最终累积了两千万美元的巨额财产。

然而，他并没有将这些财富用于慈善，只是单纯地留给了自己的后代。可见，光会赚钱是不够的，必须还要有正确使用金钱的手段。

在遗物的选择上，内村接下来列举了"事业"与"思想"。事业其实就是金钱的运用。加上一开始举的"金钱"的例子，这三者结合其实就是"工作"，或者说，是工作的成果。内村认为，以这些东西的价值，足以流传后世。

然而，这些东西并不是所有人都能留下的，因此算不上是"最好"的遗物。那么，"最好"的遗物究竟是什么呢？内村是这样考虑的。

"依我来看，有样东西是所有人都能留下的，且这种遗物绝对有利无害。这样东西便是人们那勇敢且高尚的一生。"

"勇敢且高尚的一生"究竟是什么呢？那就是拒绝一切悲伤与绝望，永远相信真善美的人生信念。这样的信念，便是人们留给世界的礼物。

即便没有这样的人生信念，人们当然也能以某种方式留下自己曾经生存的证明。虽然人只要工作，就必然会留下某种有形的痕迹（金钱、事业、思想），但就算没有物质层面的证明，相比于工作本身，工作所代表的生命本身才是最大的价值。工作，就意味着生活。

更进一步说，正处于绝望深渊的人，如果能知道过去人们面对问题、解决问题的方法，如果能知道曾经有人遇到过和自己一样的困难，他可能就会唤起对生的渴望。

阿德勒曾说过："勇气可以传染。"

同样，怯弱也可以传染。那些在困难面前退缩的人，他们的故事或许会传至后世，但终将毫无价值。

不死的形式

古罗马哲学家、政治家西塞罗引用了斯塔提乌斯的这样一句话。

"种树，是为了下一代人。"

这句话的寓意是，我们虽然能够播种，却无法亲眼见证其成长的模样。这样将成果留给后世，正是我们与"永恒"的契约。

阿德勒认为，即便时光流逝，人的生命必将迎来终结，但如若不想就此离去、不留一丝痕迹的话，便可通过为共同体做出贡献，换取与"永恒"的契约。对此，阿德勒举出了儿童与工作的例子。

用内村的话来讲，这就是留给后世的"遗物"。这里要注意，阿德勒认为，为儿童工作意味着"为全体的幸福做出贡献"。因此阿德勒观点中的"结婚有利于全体人类"，暗示了婚姻所带来的生育行为是对全人类的"贡献"。

在阿德勒的理论体系中，本书的主题——工作，同样被视为**"为整体的幸福贡献力量"**的行为。这意味着，工作绝不仅仅是为了满足个人的私欲。

西塞罗引用了斯塔提乌斯的言论，"种树，是为了下一代人"。即便自己现在撒下种子，无缘得见将来树长成的样子，就算如此，农夫们也依然每日辛勤工作。

那些恐惧死亡的人，往往不会去思考自己死后的世界。然而，这种恐惧与其说是对死亡的害怕，不如说是源于过度的自我主义。

人生的艺术

英国大提琴演奏家杰奎琳·杜普雷在年仅 28 岁时被诊断出患有多发性硬化症，这场病无情地剥夺了她健康的双手，也预示着她音乐生涯的终结。

杰奎琳最拿手的埃尔加大提琴协奏曲（由约翰·巴比罗利指挥，伦敦交响乐团伴奏）并非以技巧难度著称。可以想象，如果没有这场病，这首曲子在杰奎琳的演绎下，必定会展现出更加醇厚、圆润的音色。

疾病迫使杰奎琳停止了所有的演奏活动，但悲剧的命运并未将她击垮。尽管她无法再如往昔般演奏大提琴，但她曾重返舞台表演打击乐，也曾为普罗科耶夫的儿童交响乐《彼得与狼》担任过旁白。

作为一名音乐家，杰奎琳的才华固然令人瞩目，但真正让她流传后世的，是她那绝不屈服于不治之症的顽强精神。她的故事，无疑深深触动了无数人的内心。

从这个视角看，杰奎琳的一生本身就是她留下的"最好的遗物"。在艺术领域，有"艺术的艺术"与"人生的艺术"之分，而杰奎琳的一生，无疑是对"人生的艺术"的最佳诠释。

那些将艺术视为天职的人，从不会把外界的评价或收入作为自己的追求目标。热爱艺术的人，其实从艺术家身上也能学到许多。

阿德勒对此有如下阐述。

"天才是最有用的人。艺术家对文化有着极大的贡献，他们可以赋予空闲时间以美好与价值。这样的价值是真实存在的，美好也不是空中楼阁。这二者，都依赖于高度的勇气与共同体感觉。"

英国精神科医生罗纳德·大卫·连恩在他的自传中提到了杰奎琳的案例。

在确诊多发性硬化症后的第一年,杰奎琳的双手几乎永久性地失去了协调能力。

然而,在某个清晨醒来时,她惊奇地发现自己的双手竟然奇迹般地恢复了功能。这个奇迹持续了整整四天。尽管由于长时间未练习而手法生疏,但她还是在这四天中,录下了许多意义非凡的乐曲。

连恩引用杰奎琳的案例来反驳器官损伤不可逆(器官无法完全恢复到受损前的状态)的观点,但这个案例其实还可以从另一个角度来解读。

杰奎琳应该也无法预料到自己可以恢复。那个早上,杰奎琳虽然发现自己的双手恢复了正常,但也无法知道这样的状态可以持续多久。然而她没有放过这个难得的机会,而是及时录制了自己的演奏。这充分展现了杰奎琳对生命的热爱与珍视。

对于杰奎琳而言，音乐可能就是生命本身，所以她从不刻意炫耀自己的才华。正因为她将音乐视为自己的天职，所以她才能在那奇迹般的四天里为后世留下那些珍贵的乐曲。

最终，杰奎琳因病情恶化而离世，享年 42 岁。

将工作视作一场游戏

《海鸥乔纳森》一书曾风靡一时，作者理查德·巴赫借书中人物之口提出了一个引人深思的问题："你现在所做的事情，是你真正想做的吗？"

如果你的回答是否定的，那么或许你该深思，为何自己无法追随内心的渴望。

我上中学的时候，有一门课程叫技术家庭。负责授课的老师有些古怪，我时常会想，这样的老师或许是那个时代的特产。某一天，那位老师忽然问了我们一个严肃的问题："如果一定要在赚钱的工作和喜欢的工作中选择一个，你会选哪一个？"

当时我们都还只是学生，谁也没有工作过，自然对工作没有具体的概念。

面对这个问题，我没怎么犹豫就选择了喜欢的工作。当时我以为，这样天真稚嫩的想法，恐怕会引来大人的笑话。然而老师却是这么说的："要选喜欢的工作。"

他的理由是，喜欢的工作可能不会带来高额的收入，但是不喜欢的工作必定会带来无休止的痛苦。

我还记得当时他说，选择喜欢的工作可能一开始赚不到多少钱，但只要继续工作下去，迟早会得到经济方面的回报。虽然能否赚到钱这点有待商榷，但与艺术一样，如果一个人的工作是由内心的热爱驱动的，那么他的工作态度必然与众不同。

我曾因心肌梗死住院并接受了冠状动脉搭桥手术。我的主刀医生虽然非常忙碌，但据医院工作人员说，他似乎把医院当作了一个特殊的"游乐场"。我深有感触，因为这位医生不仅拥有应对长达十几小时手术的技术和体力，还喜欢在非工作时间与患者、家属和同事聊天。我渴望能像他一样，享受每一天的工作和生活。

这位医生似乎非常享受手术。当然，手术毕竟关乎人命，用"享受"来形容可能不太恰当。但是至少，这位医生并没有只把手术看作紧张、疲惫的工作。即使在手术中需要全神贯注，他也不会一直紧绷着脸。因此，他与人交谈并非为了释放压力，而是因为他始终以享受的态度面对工作和生活。

如果问这位医生"你在做喜欢的工作吗"，他肯定会毫不犹豫地给出肯定的答案。

我父亲在晚年时患上了痴呆症，那段时间我一直在家照顾他。偶尔来出诊的医生会对我发牢骚，说现在的年轻医生都只想做轻松的工作，一点儿都吃不了苦。这位来出诊的医生自称正是因为他年轻时不怕吃苦，有时连续几周都忙到回不了家，所以现在才能如此优秀。

医生的具体工作方式因人而异，但既然医生的使命是救死扶伤，那就不能只想着自己。时至今日，就算是深夜或是假期，只要有需要，这位医生依然会立刻出诊。但是，即便如此辛苦，这位医生也没有产生任何愁苦的情绪，反而有些乐在其中。

这位医生，想必也同之前那位医生一样，在面对那个问题时会给出肯定的回答。

肯定回答的先决条件之一，就是当下这份工作不能是通往别的工作的跳板。或者说，这份工作必须需要全神贯注地投入。

享受当下

而另一个条件，就是我们不能将"当下"仅仅看作为未来做准备的过渡时间。**如果我们不能从当前的工作中寻找到乐趣，那这份工作就毫无意义。**

但是，乐在工作之中并不代表工作就很轻松。我们要在工作中找寻自我价值，从而喜欢上工作中的自己，这需要我们从工作中获得贡献感，真实感受到自己对他人、对社会的价值。当我们意识到自己的工作为他人带来了便利，我们就会更加热爱这份工作，也更加热爱工作中的自己。

重要的是，我们需要关注自身的贡献感，而非过度强调为他人的牺牲。为他人做贡献并不等同于为他人牺牲。如果我们的工作仅仅是为了实现他人的愿望，那么我们可能无法从中获得真正的快乐。

不再设计人生

前面也提过，在我因心肌梗死住院的时候，一开始，我总是会担心一旦睡下就再也无法醒来。但没过多久，我又能安心入睡了。

在刚刚脱离危险的时候，我常常一有空就去找医生或护士聊天，这成了我当时最大的乐趣。

　　渐渐地，很多医生和护士会在下班后或是值班空隙来找我聊天，一聊就是许久。每到这时，我都可以暂时忘掉身体的不适。记得刚住院时，我总觉得自己作为一个患者，能做的事情非常有限。但通过与他们交流、帮助他们解决问题，我深刻感受到了自己存在的意义。

　　在此之前，我一直以为我的疾病给周围的人带来了很大的麻烦，觉得自己一无是处。但在与他们交谈的过程中，这些极端的想法在不知不觉中消散，我的内心充满了满足感，晚上不再失眠，也不会再胡思乱想。

　　出院后，我不再一一计较我的人生规划，一方面是因为我的身体状况不好，另一方面也是因为我认为没有这个必要。

　　前文也提过，我刚住院的时候，主治医师建议我写书。出院后，受到身体状况的影响，许多原本的工作都无法继续进行，所以我就按照医生的建议，只要身体状况允许，就写写书、做做翻译。

不知不觉中，我的书——出版面世，我的努力终于也结出了丰硕的果实。只要条件允许，今后我想一直写下去。

拥有自信，勇往直前

在之前的篇章中，我曾提及，只要坚信自己的价值，我们就能鼓起勇气融入人际关系。然而，更深一层来说，当我们能感受到自我价值，对自己充满信心时，那种内在的勇气就会油然而生。在这个充满竞争的社会里，无法在工作中取得成就往往令人心生恐惧。即便是竞争中的佼佼者，也可能会担心未来的某一天遭遇失败，因此难以真正安心。

而害怕在竞争中落败的人，更有可能刻意避开竞争。虽然人际关系与竞争本质上是两码事，但对于在奖惩教育环境中长大的人来说，产生这样的想法也并不奇怪。

首先要明确的是，**工作与生活并不是竞争**。其次，即便不是竞争，人与人的交往中也免不了出现摩擦。我有一句话，想送给因为害怕受伤，所以迟迟无法展开人际交往的人。

"他人"并非是时刻都在伺机寻找你的弱点、意图陷害你的强者。阿德勒将这样的人定义为"敌人"。相反，那些在别人需要时伸出援手的人，阿德勒称之为"同伴"。

"敌人"的原意为"人与人之间的对立"，而"同伴"则为"人与人之间的交往"。我们有时的确会与别人形成对立，甚至有时还会演变为冲突。但是，这样的对立绝对不是常态，人与人之间的交往也不可能总是如此。就好比我们在情绪激动时可能会大声喊叫，但这只是一种特殊情况，并非常态。

人类是无法孤立生存的。且不说我们出生时是多么脆弱，就算真有一出生就能行走的"超人"，他们的一生中也免不了需要他人的帮助。

所以，人们会接受他人的帮助，也会在他人需要时伸出援助之手。从这个角度来看，"他人"就会成为同伴。这样的交往形式，才是人与人之间最本质、最基础的交往形式。"他人"意味着同伴，自己也作为同伴的一员做出贡献。这就是阿德勒所强调的"共同体感觉"一词的本质。

工作，是最简单明了地为他人做贡献的方式。但正如我前文所讲，这里的贡献并不限定于具体的行为。一方面，现在能工作不等于永远都能工作，即便因疾病或衰老失去工作能力，人的生存本身，也是在为他人做贡献。

另一方面，现在还能工作的人，就尽可能地努力工作吧。说不定我们将来也要受人照顾，我甚至听说过有人会专门照顾住在附近的孤寡老人。我们工作当然不是为了有朝一日能得到他人的救助，但正如我之前提到的日托中心的例子一样，如果我们能做好合理的分工，照顾那些无法工作的人，那么我们的社会一定会变得更加美好。

后记

  我曾因心肌梗死住院，而后又在很长的一段时间里照顾生病的父亲。所以其实在这么长的时间里，我的工作量减少了许多。但是，这几年又是我人生中最勤奋的一段时间。由于我已经年近花甲，所以在高中同学的同学会上，我总能听到退休的话题。一谈到退休与退休金的话题，他们大多会感叹即将迎来人生的最后一个环节。每到此时，我都会怀疑自己是否错过了退休的时机。虽说我这样的自由职业者，原本也没有退休这个说法。

至少在工作方面，我自觉自己的生涯算得上比较特殊。我参与育儿，照顾长辈，在父亲的晚年，我也一直陪在他的床前。但我自觉最为特殊的，还是我不寻常的工作态度。当然，像我这样不从属于任何一种机构的自由职业者，在当今社会已经不算稀奇。

　　本书探讨了工作的意义。除了从狭义的角度审视工作本身，我还将视角延伸至因衰老或疾病而失去工作能力的人们。

　　在讨论工作时，我认为我们同样需要关注那些无法工作的人的情况。当视野得到拓展时，我们会发现，工作与生活紧密相连，而生活的终极目标是追寻幸福。**如果工作只能带来痛苦，那么即使它带来了丰厚的财富，我们也应该重新考虑这份工作的价值。**

　　在本书的撰写过程中，我得到了许多人的帮助。我要特别感谢主编黑田俊先生和编辑中岛邦子女士的鼎力支持。正如书中所言，能与他们一同工作，是我莫大的荣幸。衷心感谢他们。

岸见一郎

2016 年 6 月